Oscar Masota

_____

LECCIONES DE INTRODUCCION
AL PSICOANALISIS

Serie Freudiana

PSICOANALISIS LACANIANO

JULIA KRISTEVA Y OTROS	*(El) Trabajo de la metáfora*
OCTAVE MANNONI Y OTROS	*La crisis de la adolescencia*
DENIS VASSE	*El peso de lo real, el sufrimiento*
JUAN DAVID NASIO	*El magnífico niño del psicoanálisis*
MAUD MANNONI	*El síntoma y el saber*
MARIO FRANCIONI	*Psicoanálisis, lingüística y epistemología*
SERGE LECLAIRE	*Un encantamiento que se rompe*
JACQUES SÉDAT Y OTROS	*¿Retorno a Lacan?*
SARAH KOFMAN	*El enigma de la mujer*
OSCAR MASOTTA	*Lecciones de introducción al psicoanálisis*
JULIA KRISTEVA	*Al comienzo era el amor*
J. LAPLANCHE Y J.-B. PONTALIS	*Fantasía originaria, fantasía de los orígenes, orígenes de la fantasía*
ARMANDO VERDIGLIONE Y OTROS	*Psicoanálisis y semiótica*

LECCIONES DE INTRODUCCION AL PSICOANALISIS

por

Oscar Masota

gedisa
editorial

Diseño de cubierta: Carlos Rolando y Asociados
Ilustración: Carlos Nine
Realización: Sergio Manela

Sexta reimpresión, junio de 2006, Barcelona

© Editorial Gedisa, S.A.
Paseo Bonanova, 9 1º-1ª
08022 Barcelona (España)
Tel. 93 253 09 04
Fax 93 253 09 05
Correo electrónico: gedisa@gedisa.com
http://www.gedisa.com

ISBN: 84–7432–014-3
Depósito legal: B. 27234-2006

Impreso por Romanyà Valls
Verdaguer 1, 08786 Capellades (Barcelona)

Impreso en España
Printed in Spain

EL RESGUARDO DE LA FALTA

(Vigo: 26 y 27 de noviembre de 1976)

INDICE

Prólogo 15

I. Origen del psicoanálisis. Sexualidad y Saber. Labilidad del objeto de la pulsión. El sexo como escisión. 19

II. Falo y nivel de "derecho". Lugar teórico de la falta. La pulsión de Saber. La histeria y la defensa. Deseo y lenguaje . . 37

III. Lapsus y querer decir. Comunicación y comprensión. El significante. El chiste es modelo 55

Resumen y discusión 65

IV. El sueño y la realización del deseo. El deseo es articulación. El tercero deseante y la "pareja" de la histérica. Dora, Isabel de R. 81

V. Psicoanálisis, Medicina, Saber. El cuerpo se erogeniza en un mal lugar . . . 97

Resumen y discusión 101

VI. La función del corte. El padre y la figura. El padre muerto. *Totem y tabú: bricolage* de discursos 111

*A Sebatián Peyceré,
Antonio Zimmerman
y Cloe.*

When I prepared this little talk for you, it was early in the morning. I could see Baltimore through the window and it was a very interesting moment because it was not quite daylight and a neon sign indicated to me every minute the change of time, and naturally there was heavy traffic, and I remarked to myself that exactly all that I could see, except for some trees in the distance, was the result of thoughts, actively thinking thoughts, where de function played by the subjets was not completely obvious. In any case the so-called *Dasein*, as a definition of the subject, was there in this rather intermittent or fading spectator. The best image to sum up the unconscious is Baltimore in the early morning.

Jacques Lacan

PROLOGO

Debo agradecer al doctor Cipriano Jiménez Casas y al doctor José Rodríguez Eiras la invitación que me dejó un día abrir los ojos ante el regocijo de la dura belleza de las rías gallegas. Entre las romas aristas de "vielen bunten Bildern", las que recogen y plastifican tarjetas que el viajero puede adquirir en cualquier estanco de tabaco, y el Colexio Medico Comarcal de Vigo, se extendía para mí como para cualquiera la insondable, pujante geografía humana, mezcla tan europea que siempre apasionará a un latinoamericano, la fuerza visual, estética, de la tierra obsesivamente labrada, la riqueza de la tierra y la pobreza campesina, fábricas de automóviles, casas de una planta de ventanas niveladas a la pared. Que la audiencia que acude en Vigo a mi seminario llevado a cabo los días 26 y 27 de noviembre de 1976 se reclutara entre médicos, psiquiatras, psicólogos, pediatras, trabajadores sociales, estudiantes, fue el mejor testimonio de que mi función en esta punta de España "no era completamente obvia" y que ante las "presentaciones", de paisajes y de personas, era yo más bien un "espectador intermitente".

En dos días y en nueve horas de trabajo había que introducir a la audiencia a los puntos básicos de la teoría psicoanalítica. Cumplido el tiempo, el trabajo realizado se revelaba insuficiente. Nos dimos cita para

15

continuar con el seminario para el mes siguiente y los
días 28 y 29 de enero de este año volví a hablar durante más de nueve horas ante los mismos que me habían
escuchado la vez anterior. Tampoco esta vez la empre-
sa pudo llegar a su término: abiertos ciertos temas,
ciertos otros parecieron con razón inacabados. El rigor
de la experiencia y las orejas cada vez más atentas me
indujeron la idea de publicar en una serie de pequeños
volúmenes esto que con suerte podrá llegar a ser un
bosquejo de los ejes capitales de una manera de entender a Freud. Titulé "Resguardo de la falta" al presente primer volumen de estas lecciones, pensando, vía
significante, tanto en el Sorge heideggeriano como en
el significado habitual en España de la palabra "resguardo": boleta de pago, testimonio de inscripción, papel que es prueba.

La intención: introducir al psicoanálisis haciendo
uso de palabras sencillas, de términos que no fueran
"técnicos". ¿Es posible no banalizar las ideas? Si difícil, no debiera ser imposible. La dificultad no está en
los términos, ni en los desvíos, ni en los accidentes de
su significación; sino más bien en las ideas y los há-
bitos Y también, en la posición del interlocutor; a saber, la audiencia. Hablar de introducción al psicoanálisis no significa decir que quien "introduce" es el con-
ferencista, puesto que todo discurso se origina en el
lugar del otro. Mi audiencia gallega —para decirlo de
manera impresionante pero sin afán de impresionar—
fue todo lo que yo tuve en aquella primera oportu-
nidad.

Si se me permite, entonces: el presente volumen es
mi audiencia, y también, es de mi audiencia. Debo desde ya y por lo mismo agradecer a ella que pudiera yo
desarrollar mi supuesto fundamental: es necesario volver a Freud aislando sus ideas del resto de gran parte
de la evolución pos-freudiana de la doctrina, todo ello
sin forzar las ideas, pero devolviendo a las palabras
la capacidad de asombrar. La teoría psicoanalítica está

en los textos de Freud. ¿Pero qué significa leer a Freud? ¿Habéis reflexionado sobre el hecho bastante poco insignificante de que un seminario se lleva a cabo con palabras efectivamente proferidas y que éstas no son ajenas a la teoría puesto que no hay teoría que no esté construida con palabras? ¿Pero habéis reflexionado además sobre este otro hecho, de que la boca puede ser algo más que una mera "cavidad primaria"? [1]

Nos proponemos entonces, y sin alejarnos demasiado de la manera de hablar de Freud, de construir una referencia de base que podría permitirnos una lectura de ida y vuelta constante hacia el texto freudiano y sus fundamentos. Sin abrir juicio sobre el valor y el alcance de la teoría de Melanie Klein, ¿no existe acaso una diferencia entre sus textos y los textos freudianos? Ahí donde la psicoanalista de niños gesta el concepto al contacto, yo no diría de la "experiencia", sino del ejemplo, Freud puede una y otra vez pensar el concepto y volver, sin referencia al ejemplo, a lo que lo fundamenta.

La noción de "relación de objeto" es bastante poco freudiana. Decir tan crudamente como nosotros que la pulsión no tiene objeto significa en primer lugar una posición crítica ante cualquier psicologización de los conceptos de la teoría. Los autores pos-freudianos han hablado de desarrollo en términos de etapas "anobjetales", "protoobjetales"; nosotros entendemos que tal terminología es equívoca, puesto que objeto "hay" siempre. Lo que debe estudiarse en el desarrollo del niño son las etapas de la constitución del Otro. Freud hablaba de identificaciones primarias *y de* elección de objeto *: en ambos casos el objeto era en primer lugar el padre y/o la madre. Por lo mismo, se equivocaría quien viera en este primer volumen de* Lecciones de introducción al psicoanálisis *la intención de hacernos*

---

1. Ver, por ejemplo, René A. Spitz, *The first year of life.*

autores por la invención de conceptos. Repetimos que no se tratará de gestar términos, sino de no dejar de señalar el límite que el concepto en cuestión no podría franquear sin destruir los fundamentos de la teoría psicoanalítica misma. Afirmar que en primer lugar no se trata sino de "falta de objeto" no es más que realizar el trazado de tal límite.

Barcelona, marzo de 1977

I

Intentaré una iniciación a los conceptos básicos de la teoría psicoanalítica: a la obra de Freud. Es decir, que comenzaré a contar a ustedes, a lo largo de seis reuniones, las articulaciones de base de la teoría psicoanalítica freudiana. Cuando llegué a Galicia estaba imbuido de un cierto optimismo. Es que hace tiempo que no dictaba, propiamente, un curso de "introducción al psicoanálisis". Pero ocurre que con respecto al Psicoanálisis, la cuestión no es cómo comenzar a pensar las ideas, sino algo que tiene que ver con su práctica. O tal vez debería yo pedir que se me preste una oreja espontánea. Tal vez llegaríamos entonces a poder hablar el lenguaje de la teoría. Este lenguaje no se parece al lenguaje de todos los días (pero ello ocurre con todo lenguaje científico).

Lenguaje peculiar en primer lugar. Puesto que si alguien entrara a este recinto en el término de media hora, no podría ya entendernos. O bien, esa persona podría pensar que, mentalmente hablando, no estamos muy bien de salud. Pero ello porque no habría escuchado nuestras razones de entrada: las palabras que utilizaremos valen en el interior de la teoría que intentaremos reconstruir. Toda conceptualización es *sui generis*. Por lo mismo, no tendremos por qué inquietarnos.

Trataré de ser sencillo. Digamos en primer lugar

que hablaremos de un campo específico. El campo específico de la teoría psicoanalítica. El campo de su práctica y de su teoría. Este campo teórico-práctico poco tiene que ver con la Psicología, con la Psicología General, la Psicología Evolutiva. Es en cambio el campo de las articulaciones del sujeto descrito en términos de la teoría freudiana (de su evolución, su estructura, y de las consecuencias de esa "evolución" y de esa estructura).

La mejor manera de hacer una "introducción al Psicoanálisis" consistiría tal vez en conducir a ustedes a la idea de que tal cosa no es fácil, y sugerir que la historia sería un buen punto de partida, que tal vez habría que comenzar por los orígenes históricos del psicoanálisis, volver a la época de los comienzos. Recordar que el creador del psicoanálisis es Sigmund Freud y que el psicoanálisis tiene que ver con los avatares de su propia vida, con la manera en que va él descubriendo el inconsciente, construyendo ulteriormente la teoría. La mejor manera, tal vez de lograr una "introducción al psicoanálisis" consistiría en mimar la experiencia de Freud, evocar la experiencia de los orígenes.

Nos veríamos conducidos a la historia del encuentro del hipnotismo y la psiquiatría, a Francia en tiempos de Charcot. En sus presentaciones de los martes mostró Charcot que mediante la hipnosis se podía producir síntomas semejantes a los de la histeria. En 1885, durante su beca en Francia, Freud pudo presenciar tales experiencias en *La Salpêtrière:* y también la producción de parálisis experimentales. Los pacientes tenían experiencias de las que no guardaban conciencia. La hipnósis mostraba la existencia de cosas que no estaban en la conciencia y que tenían efectos sobre el comportamiento y la vida despierta de los sujetos. La estancia en París y su viaje a Nancy pusieron a Freud en contacto con tales experiencias y nuevas ideas: que en la relación con el hipnotizador el paciente podía producir y suprimir síntomas, la idea de la existencia de dos niveles del psiquismo, la idea de que la histeria tenía que ver con cosas sexuales. ¿Pero de qué manera se conectaba la histeria con la sexualida? Desde los griegos hasta entonces se había pensado, como lo dice el nombre mismo, ya que "histeria" viene de "útero", que la enfermedad era femenina. En su tiempo Freud estuvo del lado de quienes contrariaban esa creencia, y se puede decir así que el psicoanálisis comienza con algo que va en esta dirección: tratando de separar la enfermedad psíquica del sexo biológico. Es importante decirlo así, puesto que parece paradoja, que el psicoanálisis, que como todo el mundo parece saber, trata de conectar el psiquismo con la sexualidad, se origina históricamente negando la relación de la histeria y el útero.

En una conferencia de 1886 en la que debe informar ante la sociedad médica de Berlín sobre su viaje a Francia, Freud muestra cómo la histeria es también una enfermeda de hombres, y todavía de mayor interés para nosotros, que un trauma psíquico puede estar en el origen del síntoma histérico, que la causa de la histeria puede ser psíquica, que la histeria depende de acontecimientos encerrados por el pasado. Esta idea, seguramente, molestó bastante a los maestros de Freud, los médicos de la sociedad berlinesa.

En resumen, una teoría que relacionaría el sufrimiento psíquico con la sexualidad, comienza separando la histeria de la genitalidad y describiendo la causa en términos de trauma, ubicándola además en el pasado psíquico, por decirlo así. Si se nos obligara a definir en pocas palabras en qué consiste este campo de lo psíquico que constituye el campo de la práctica y de la teoría del psicoanálisis habría que decir que se constituye a partir de una reflexión sobre la sexualidad. Pero desde entonces la sexualidad pasa a ser algo que no tiene que ver con el Saber de todos los días. Punto difícil, puesto que no quiere decir que el verdadero "saber científico" sobre la sexualidad sea privilegio del psicoanalista. Quiere decir otra cosa, y aun, lo contrario. Quiere decir que la indagación freudiana de la sexualidad delimita un campo donde el sexo quedará aislado del Saber, y en este sentido el campo del psicoanálisis es distinto al del Saber de todos los días sobre el sexo: no porque el psicoanalista sabe más, sino porque separa el sexo del Saber. El Psicoanálisis es entonces no-Sexología. Si los sexólogos tuvieran razón, el psicoanálisis no habría existido, puesto que no habría histéricos, ni obsesivos, ni fóbicos: la gente no se enferma porque ignora las reglas biológicas, sino porque hay algo bien enigmático en el sexo. Si la sexualidad ha de ser reprimida, como mostró Freud, la culpa no reside en la sexualidad misma, sino en lo que la sexualidad contiene de enigmático. Cuando se reprime es porque no se quiere saber nada de algo que exige ser reconocido. Ahora bien, lo que aquí exige ser reconocido es que no hay Saber... unido al sexo.

Pueden leer esta idea en la edición española de las *Obras Completas* de Freud, la primera página del primero de los "Tres ensayos", obra de 1905 que encontrarán bajo título de *Una teoría sexual*. Por más mal que se lea es imposible no leer en esa primera página tal idea. Freud dice ahí que hay una concepción vulgar de la sexualidad (pero es la de los médicos, la del sexólogo), que consiste en creer que la sexualidad no existe en la vida infantil, que el sexo hace su irrupción en la pubertad y que solamente se determina en la vida adulta. Tal determinación de la sexualidad del adulto significa —es la creencia vulgar— que el sujeto está de entrada comprometido, prometido a su objeto, el objeto de la exigencia normal del instinto sexual. Freud entiende por "objeto" a la persona de la tendencia, a la persona a la que se dirige la exigencia sexual (lo aclaro porque en textos post-freudiano la palabra "objeto" tendrá un desarrollo diferente). De tal manera, y según esta determinación de la sexualidad en la vida adulta, el sujeto buscará un objeto (que le será dado) y la realización de un acto, el acto sexual. Un objeto y un fin, el coito. He ahí en resumen todo el Saber vulgar sobre la sexualidad; pero se podría decir más: todo el Saber prefreudiano o no-freudiano sobre la sexualidad.

Ahora bien, en esa primera página que comento, tal concepción del sexo queda inmediatamente controvertida. Verdadero vuelco histórico, que "hace" fecha diría yo, como se dice de esos barcos que "hacen" agua, porque se van a hundir. Lo que entonces se iría a pique es la idea del niño inocente y del adulto normal. Lo primero que Freud va a mostrar es que no es cierto que durante la vida infantil no hay sexualidad. Sino más bien lo contraio, ya que a los cinco años, en la teoría freudiana, el niño ya tiene determinada su estructura sexual, y la que irrumpirá en la pubertad no será distinta de la estructura ya constituida en la primera infancia. Pero además —y aquí está el punto que nos interesa— que la relación que une al sujeto a sus objetos sexuales no es tan fuerte…, a saber, que esa relación de determinación es bien lábil, que el objeto es lo que más puede variar, lo que el sujeto más puede cambiar, y también que el fin buscado puede ser otro y distinto del coito normal. Comienza entonces un largo capítulo sobre las *perversiones sexuales.* Capítulo que "hace" historia y que ningún "trabajador de la salud mental" debería ignorar, puesto que es a partir del primero de los "Tres ensayos" que las perversiones cobran racionalidad, quedan integradas a una teoría sobre los trastornos psíquicos o a un discurso sobre sufrimentos y terapias. Es la primera vez que tal tipo de discurso —el discurso psicoanalítico— se constituye sin necesidad de expulsar a las perversiones sexuales de su campo. O más aún, un discurso que no sólo otorga racionalidad a la perversión sexual (que se permite pensarla, tornarla inteligible), sino que de alguna manera afirma que su propia racionalidad como discurso depende de lo que las perversiones sexuales nos muestran y nos obligan a indagar. Tal el discurso freudiano. Antes de Freud o en tiempos de Freud existían ya "tratados" sobre la sexualidad. Por ejemplo, la famosa *Psichopathia Sexualis* de Kraft-Ebing, o los trabajos de Havellock Ellis. Pero en aquellos textos no se hacía más que describir los infinitos tipos de perversiones: un listado de todas las posiblidades sexuales perversas. Pero eran descripciones, realizadas desde afuera: las perversiones mismas no adquirían gracias a esas descripciones, más allá del escándalo de su existencia, ningún interés. Las perversiones en aquellos textos pertenecen todavía al campo de la patogenia incomprensible. Es bien distinto lo que ocurre en el discurso freudiano.

En primer lugar la indagación de las perversiones sexuales le sirve a Freud para la constitución de su propio campo de conceptos. Surge así el concepto de "pulsión", que Freud distingue del instinto animal. La pulsión (alemán: *Trieb*) tiene para Freud como característica fundamental la labilidad de eso que la liga al objeto. En términos de querer definir habría entonces que decir que en Freud, y en primer lugar —y está en la base de la teoría— no hay una relación de determinación de la pulsión a su objeto. A saber, que la pulsión no tiene un objeto dado, natural. Que la relación de determinación de la pulsión a su objeto no es una relación de determinación necesaria. A partir de entonces, y para que ustedes puedan medir la consecuencia de esta posición de partida de Freud, no es tan fácil por ejemplo decir qué es un coito. Todo el mundo sabe qué es un coito. Pero si se acepta el concepto freudiano de pulsión, diría yo, ya no será tan fácil decir qué es un coito. Y por lo mismo, aceptado este punto de partida, puede ya uno dejar de escuchar a la gente cuando habla de "relaciones sexuales". Quiero decir, dejar de escuhar a quienes creen que *saben* sobre ese "objeto" del que están hablando. Otra consecuencia:

pensemos en las relaciones entre Psiquiatría y Psicoanálisis. Aún hoy, en 1976 (debiéramos avergonzarnos de lo que dirán de nosotros los historiadores que un día se ocupen de nosotros) hay psiquiatras que rechazan el psicoanálisis, sin dejar de otorgar a la sexualidad un lugar en la etiología de la enfermedad mental. Ahora bien, lo que distingue a esos psiquiatras del psicoanálisis, es que ellos siguen insistiendo, afirmando, que saben sobre el sexo.

Para delimitar el campo de la teoría habrá que comenzar por decir que la pulsión —a diferencia del instinto animal— no tiene objeto. Esta idea es fundamental. Y sólo a partir de ella se puede pasar a hablar de las otras dos grandes ideas a través de las cuales el psicoanálisis se constituyó en tanto tal: el inconsciente freudiano (digo "freudiano" porque hubo un inconsciente antes de Freud), y la "transferencia"; a saber, que lo que ocurre entre médico y enfermo no es inocente, que tiene que ver además con toda posibilidad de terapéutica futura. Algo que tiene que ver con el pasado del paciente y que el paciente repite durante el tratamiento y en su relación con el analista. Tales son las tres grandes ideas (¿cómo llamarlas?): que la pulsión no tiene objeto, el inconsciente freudiano, la transferencia.

No me ocuparé de manera explícita del inconsciente freudiano (en verdad no dejaré un instante de referirme a él). Tampoco de la transferencia. Machacaré en cambio sobre esta idea concreta: que no hay relación de determinación de la pulsión a su objeto, que ningún dato natural liga la pulsión al objeto.

Tal idea, es obvio, no es fácil. Freud no la encontró por azar en una de las vueltas del camino. Como el psicoanálisis mismo, tiene historia: la del tiempo de su descubrimiento, la manera en que paulatinamente Freud la va extrayendo, deduciéndola de un contexto contradictorio. Conviene en este punto dejarse guiar por quienes han estudiado los orígenes del psicoanálisis (se puede leer por ejemplo: L. Chertok y R. de Saussure, *Naissance du psychanalyste*, Payot, París, 1973; o también —libro más académico, más cuidadoso— Ola Andersson, *Studies in the prehistory of psychoanalysis*, Stockholm, Svenska Bokförlaget, 1962).

Tiene especial relevancia, se lo sabe, en el comienzo de esta historia, la relación de Freud con Breuer, quien había tratado a la famosa Ana O., joven histérica que exhibía una sintomatología bien frondosa; y había logrado ciertos efectos terapéuticos importantes sólo dejando hablar a la paciente, induciendo la rememoración del pasado y sobre todo la palabra. "Talking cure", como bautizó al tratamiento la propia Ana O.

De vuelta de su viaje a Francia y después de haber sacado ciertas consecuencias de las experiencias que había observado en La Salpetriere y en Nancy (la existencia de un nivel inconsciente de la vida psíquica, el poder de la sugestión hispnótica en la producción y en la eliminación de síntomas, las parálisis artificiales, la extraña relación del síntoma histérico con la anatomía, las histerias postraumáticas, la evidente alusión a la sexualidad en el ataque histérico), Freud invita a Breuer a publicar juntos un trabajo. Nace entonces en 1895 los *Estudios sobre la histeria*. Cosa curiosa: el capítulo más teórico del libro lo escribe Breuer y no Freud. Curioso, puesto que casualmente, la idea que Freud encontraba —la conexión con la sexualidad— era la misma sobre la cual Breuer nada quería saber. Breuer escribe entonces aquel capítulo para mostrar cómo la histeria era el producto automático de una división de la personalidad psíquica; los síntomas no significaban más que esa escisión. Breuer inventa dos entidades: la histeria de retención y la histeria hipnoide. Digo que inventa porque ni una ni otra describían observables clínicos; o mejor, permitían observar todo lo que ocurría en la experiencia clínica, menos lo esencial. A saber: pasaban por alto tanto la represión de la sexualidad enclavada en el síntoma histérico, como la relación de transferencia del paciente con el médico. Los *Estudios sobre la histeria* están firmados por Freud y por Breuer, pero si se lee bien se ve hasta qué punto Freud muestra cierta cautela en relación a las ideas de Breuer. Cuando Breuer trató a Ana O. debió enfrentarse con ciertos fenómenos de transferencia a su persona de los deseos sexuales de la paciente: Ana O. había fantaseado que estaba embarazada por Breuer. Este embarazo histérico atemorizó a Breuer. Tanto Charcot como Breuer, dos personalidades de peso en la formación de Freud, reconocían la conexión de la sexualidad con la histeria, pero no permitían que tal reconocimiento pasara ni a sus ideas ni a la práctica clínica.

Contra las dos invenciones nosográficas de Breuer se lee en los *Estudios* cómo Freud esboza por su parte una entidad nosográfica nueva: habla de histeria de defensa. La entidad no tendría historia ulterior, puesto que, se sabe, el hecho de la defensa (a saber: la represión) no caracteriza para Freud un tipo específico de histeria, sino que define a la histeria misma. Pero le sirvió a Freud para señalar, contra Breuer, que la histeria era el resultado de una defensa, que el paciente producía síntomas y escindía su personalidad psíquica para llevar a cabo el rechazo de ciertas representaciones que se le hacían intolerables: esas representaciones eran de contenido sexual. He aquí un punto en la historia de los orígenes del psicoanálisis que es preciso conservar en la memoria. Comienza entonces la historia del concepto freudiano de inconsciente. Sin embargo, trataré de sugerirlo en seguida, sólo se trataba del comienzo.

Las ideas descubiertas pivoteaban sobre sí mismas, el terreno era resbaladizo. Freud dio el primer paso, pero sólo después vino la verdadera historia de la teoría psicoanalítica. Afirmar la etiología sexual de la histeria era un paso de indudable importancia histórica, pero a su vez planteaba problemas. ¿Por qué la sexua-

27

lidad podía tornarse intolerable y producir efectos patógenos? ¿Qué hay que entender por sexo? ¿Se podía construir una teoría con la idea que cada uno tiene de la sexualidad, con el saber vulgar o médico sobre el sexo? Y si el sexo puede ser reprimido, ¿qué hay en el sexo que lo haga reprimible? Supongamos que se conteste que la culpa no es del sexo, sino que siempre ocurrió que ciertas sociedades, ciertas culturas, prohíben determinadas prácticas sexuales. Pero tal posición no aclara mucho: por una parte, porque no todas las sociedades prohíben el mismo tipo de práctica sexual, ya que hay comportamientos sexuales que algunas no toleran pero que otras aceptan perfectamente, e incluso, a nivel de sus normas, las recomiendan. Pero además, y si todas prohibieran la sexualidad, o ciertos aspectos determinados de la sexualidad, ¿qué es lo que torna a esos aspectos prohibibles? Como se ve la cuestión no es sencilla. ¿Qué hay en el sexo, o qué es lo que liga el sexo a lo que debe ser reprimido? O menor aún, ¿qué es lo que hace que lo reprimido deba ser reprimido? ¿Pero no intentamos ya un esbozo de contestación a tal cuestión?

Puesto que para intranquilizar los espíritus podría yo contar a ustedes una anécdota divertida, citando las palabras de una cierta señora que cada vez que se mencionan cosas sexuales, no deja de intervenir y repetir que tales cosas, para ella, son maravillosas y que no entendió nunca a Freud quien dice que la gente reprime la sexualidad. ¿Por qué habría alguien de defenderse de alguna experiencia sexual ya que —dice ella— lo sexual es placentero por naturaleza? Confiesa sentirse muy bien en cualquier experiencia sexual y expresa con franqueza no sólo su amplitud de criterio, sino aun la capacidad de sus posibilidades para arreglárselas muy bien en muchas y bien distintas experiencias sexuales. Se ve que más allá de lo cómico o de lo envidiable de la vida de tal señora —si es que no miente— ella nos devuelve a nuestro enigma. ¿Qué es aquello en lo sexual en efecto que hace que lo sexual deba caer bajo los golpes de la represión?

El problema merecería ser tomado en cuenta, y aun por los psicoanalistas mismos. He conocido psicoanalistas que lo ignoraban. Lo hemos dicho, en 1905 Freud intenta el comienzo de una respuesta a tal enigma, lo que el sujeto reprime es lo sexual, pero había que agregar: sólo en tanto la pulsión carece de un objeto dado de antemano. Para decirlo de una manera banal: lo que el sujeto reprime es que, tratándose de cosas sexuales, tiene que arreglárselas solo. Ni la pulsión le facilita la determinación del objeto, ni hay Saber del objeto que la pulsión podría determinar.

Lo que está en juego en el sexo es el Saber del objeto. La pulsión no facilita ese Saber. En este sentido se podría afirmar que el concepto de inconsciente es isomórfico a la razón por la cual el sexo debe ser reprimido; o mejor, el inconsciente es simétrico e inverso a esa razón: *el sujeto no sabe sobre aquello que está en el origen de los síntomas que soporta (he ahí al inconsciente) porque nada quiere saber de que no puede saber que no hay Saber sobre lo sexual.* Que se de vuelta esta fórmula de todas las maneras que se quiera; siempre —a mi entender— se verá uno conducido a algo que tiene que ver en serio con el inconsciente freudiano.

Pero podría dar un ejemplo bien sencillo para conducirnos al punto al que quisiera ahora poder llegar: o bien las cosas sexuales deben ser incluidas en la clase de las cosas ininteligibles, o bien hay cosas sexuales que nos introducen a la idea de que son enigmáticas. Pero un enigma no es un ininteligible, sino algo que plantea una cuestión y exige una respuesta. Pensemos por ejemplo en el fetichismo. ¿Por qué un objeto, a veces un trapo sucio, e incluso oloroso, puede hacerse preferir a la persona del sexo opuesto? ¿Cómo es que hay seres que se las arreglan mejor con trapos que con personas? Pregunta bien lacaniana. ¿Cómo es que hay seres que pueden alcanzar el orgasmo con un trapo insignificante, banal, o un objeto sucio; pero siempre y cuando tal objeto cumpla ciertas determinadas condiciones?

En 1905 Freud se ocupa del fetichismo en el primero de los *Tres ensayos*. En 1905 comienza a elaborar su teoría sobre el desarrollo de la líbido. Líbido es una expresión, decía Freud, para el instinto sexual. A saber, una palabra para significar la pulsión, la que por definición carece de objeto. Ustedes conocen la teoría clásica de ese desarrollo, la que sería tomada, modificada, por Abraham, Melanie Klein, Fairbain. Lo que Freud vino entonces a decirnos es que la sexualidad del adulto tiene que ver con ciertas maneras que tiene el niño de referirse a sus primeros objetos. Freud llamó "etapas" a esas maneras: una manera oral, una manera anal, etcétera. Lo importante: que esas maneras eran especies de "patterns" por donde el niño erogenizaba su propio cuerpo. Y además, que el cuerpo erógeno (el cuerpo sexuado, capaz de goce del adulto) se constituye en los años de la edad infantil, que todo está decidido ya para los cinco años. En 1905 Freud describe tres "etapas" y un "período", al que llama "período de latencia". Una etapa oral (cuyo modelo corporal es la relación del sujeto con el seno materno), una etapa anal (la relación narcisista del sujeto infantil con sus propios excrementos). Esta última adquiriría una especial relevancia, en la historia de la teoría pos-freudiana (Abraham), a partir de la descripción que Freud había hecho de la inscidencia de la etapa anal en las condiciones del carácter y especialmente en la neurosis obsesiva. Finalmente Freud describe en 1905 una etapa genital, la que sigue al período de latencia, y en la que la estructura del sujeto queda acogida en los moldes de la masculinidad o la feminidad. Obsérvese al pasar que masculinidad y feminidad no son para Freud propiedades del punto de partida del desarrollo del sujeto, sino puntos de llegada, términos de ese desarrollo. Pero no haríamos justicia a las posiciones freudianas si no hiciéramos referencia a la historia ulterior, quiero decir, a la utilización por los discípulos del concepto de desarrollo de la líbido. Podríamos decir, y tal vez sin exagerar, que esa historia tuvo un sentido negativo, trágico incluso, puesto que dejaría olvidar el postulado freudiano fundamental: la labilidad del objeto de la pulsión. El resultado fue una utilización excesiva de la noción de "frustración", de la idea de que, en el efecto patógeno, siempre se puede ver el resultado de una privación, e incluso la idea de que toda agresión es resultado de una frustración. La pareja conceptual frustración-agresión, que es posible, encontrar no sólo en textos psicoanalíticos sino —y a mejor título— en textos de psicología general o psicología animal, no es freudiana. Si el sujeto agrede porque se lo frustra —es fácil comprenderlo— será porque debe estar bien seguro de que el objeto de la frustración era exactamente el que necesitaba. Lo que bien puede ocurrir cuando lo que está en juego es la necesidad biológica. Pero otro es el caso de la pulsión. La noción de frustración conduce a la idea de que el objeto de la privación es real y oscurece por lo mismo el postulado freudiano de que la exigencia pulsional no tiene objeto, que no lo tiene determinado, que al menos no lo tiene de entrada. En resumen: la teoría del desarrollo de la líbido pudo conducir al desvío de un cierto empirismo, a una concepción reificada del objeto.

Hay dos maneras de evitar esos desaciertos. Por un lado, distinguiendo —como en la teoría lacaniana— entre la necesidad (biológica) y la demanda (cuyo fundamento es la demanda de amor). Y aun, estos dos registros no agotan el campo del sujeto, ya que es necesario además introducir el deseo. La otra manera es comenzando bien por el comienzo; a saber, por la cuestión del Falo. Será esta última la que ensayaremos hoy.

Retornemos por un instante a la historia. Decir,

como Freud, que lo patógeno residía en algo ocurrido en el pasado, que ese pasado tenía que ver con la sexualidad infantil, no significaba sino comenzar a delimitar el complejo de Edipo. Entre 1893 y 1896 Freud insiste en la idea de trauma: una seducción del niño por un adulto ha sido el acontecimiento real que ha originado la neurosis. A partir de tal teoría intenta incluso una especie de nosografía, trata de distinguir la neurosis obsesiva de la histeria. En el primer caso el trauma de seducción habría sido vivido activamente, incluso agresivamente; en el segundo se lo habría soportado pasivamente. Freud ve además, y por detrás de toda sintomatología, algo así como una enfermedad de base con estructura histérica: un trauma de seducción soportado pasivamente en la primera infancia. Freud no había inventado la cuestión del trauma de seducción; lo había obtenido de su experiencia clínica, del relato de sus pacientes. Pero pronto, en 1897, debería abandonar la teoría del trauma. Se cita siempre una carta de Freud a Fliess de 1897 (del 21 de septiembre) en la que con pesar confiesa a su amigo "que ya no cree más en su *neurótica*", a saber, en la teoría traumática y en la utilidad de las consecuencias que de ella había extraído. Freud había descubierto que los pacientes mentían, que las escenas sexuales relatadas sobre la primera infancia no habían en verdad ocurrido. Pero en la misma carta Freud encuentra la salida a aquella encrucijada, nada menos que el descubrimiento del concepto de *fantasía*, piedra de toque y pivote fundamental del discurso analítico. En efecto —reflexiona Freud— que esas escenas sexuales no hayan ocurrido en realidad, pero que sin embargo aparecen en el relato del paciente, no indica sino que las escenas han sido *fantaseadas*. ¿Pero no había ya en tal manera de razonar algo bien peculiar? Algo que sin duda pertenece —y. de la manera más íntima— al discurso psicoanalítico, y que además tiene que ver con la noción de verdad: el discurso del paciente se torna *verdad* (aparece la fantasía) en el mismo momento que la realidad del referente (la escena sexual infantil) se manifestaba como *falso*.

Nace entonces en la historia de la teoría la noción de fantasía, término que designa eso que no había existido en lo real sino en el discurso del paciente, pero que por ello mismo conserva su capacidad de causa, su poder patógeno. Fantasía de seducción en primer lugar, a la que Freud otorgaría un estatuto nuevo: el de "protofantasía". La protofantasía, o fantasía originaria de seducción, es concebida como estructura fantasmática referida a una escena de seducción del niño por un adulto. Cuando Freud dice protofantasía (*Urphantasie*) quiere significar a la vez algo viejo en el tiempo, arcaico, pero también algo constitutivo, fundante de la estructura del sujeto. En términos modernos diríamos que la palabra denota y connota algo que tiene que ver a la vez con la historia evolutiva y con la estructura. Posteriormente Freud agregaría a esta protofantasía de seducción otras dos protofantasías: la castración y la escena primaria.

Protofantasía de escena primaria: a saber, la visión (no interesa en principio si real o no) del coito parental. Psicoanalíticamente hablando: algo perturba al sujeto infantil, un motivo profundo de disgusto y miedo. En cuanto a la protofantasía de castración: en primer lugar, lo importante es eso mismo, que Freud otorga estatuto de "protofantasía" a la castración. A saber, estatuto de dato arcaico y valor fundante, valor de estructura. ¿Pero no delimita la suma de las tres protofantasías el campo mismo del complejo de Edipo?

En primer lugar, el temor a la retaliación paterna si se cumpliera el deseo de acostarse con la madre (protofantasía de castración). En segundo lugar, la idea de separar a la pareja de los padres, unión insoportable que merma la importancia del sujeto para su madre (protofantasía de escena originaria). Y finalmente, la idea de una relación con un adulto (protofantasía de seducción que apunta en verdad a los padres como objetos sexuales).

Pero, ¿qué hay que entender por complejo de Edipo? La ligazón amorosa del niño con el padre del sexo opuesto y la hostilidad contra el padre del mismo sexo. Pero dejando de lado que Freud hablara también de un Edipo invertido, homosexual, y también la bisexualidad (la presión simultánea de la heterosexualidad y de la homosexualidad), en esta definición, que podíamos llamar clásica, no quedaría señalado que en el Edipo cuentan más cosas que los tres personajes centrales de la tragedia. Pero aún, ¿cuál es el secreto de la relación entre niño, madre y padre?

¿Qué es lo que, en el Edipo, tiene fuerza "causal", capacidad en todo caso de mover las relaciones? O bien, ¿qué es lo que allí se juega? ¿En qué están los personajes interesados? El niño en cometer el incesto, el padre en conservar a la madre. ¿Pero y la madre? No es tan sencillo.

Es que no se puede reflexionar sobre el Edipo freudiano sin introducirnos en la cuestión del Falo. Pero diré en seguida lo que muchos saben, pero no aquellos, me imagino, a quienes una sonrisa despierta en la boca. Diré para tranquilizarlos que el Falo no es el pene. Según términos de Freud el Falo es la "premisa universal del pene", es decir, la loca creencia infantil de que no hay diferencia de los sexos, la creencia de que todo el mundo tiene pene. En la teoría de Freud se parte de esta posición del sujeto infantil: sólo existe un órgano genital y tal órgano es de naturaleza masculino.

Debiéramos en adelante tratar de desconectar la cuestión del Falo de las imágenes. Si llamamos Falo a la "premisa universal del pene", lo menos que nos cabe aceptar entonces es que el Falo es un no-representable. No se puede dibujar, no se puede esculpir un Falo.

Pero más importante: es por la cuestión del Falo que la castración se introduce en la estructura del sujeto. La confrontación de la premisa, el Falo, con la diferencia de los sexos: he ahí lo que la teoría ha llamado complejo de castración. Es decir, que la castración es la consecuencia inmediata del Falo. El sujeto infantil —niño o niña— ha partido de que sólo hay pene, que únicamente existe el genital masculino, y cuando con el tiempo descubre que hay dos sexos, que anatómicamente hay seres que carecen de pene, surge entonces el complejo de castración. El varón, ante la confrontación con el hecho de la diferencia, se siente "amenazado" en su genital. Él lo tiene —a ese pene— pero podría perderlo. En cuanto a la mujer, que no lo tiene, anhela tenerlo, lo "envidia". Envidia de castración y amenaza de castración: no son sino términos que nombran el caso de la mujer y el del varón en el interior de esa estructura que Freud llamó complejo de castración.

El complejo de castración es entonces "envidia del pene" en la mujer. Pero no significa darle privilegio alguno al varón. Tener un pene no asegura de nada. La teoría freudiana lejos de ser antifeminista ofrece un punto de partida adecuado para plantear al feminismo como necesidad y como cuestión. Recomiendo que se lea sobre este punto un libro recientemente traducido al español de una feminista inglesa: Juliet Mitchel, *Piscoanálisis y feminismo* (Editorial Anagrama, Barcelona, 1976).

Además, y como lo dice con perspicacia una conocida frase: "A esa mujer no le falta nada". Idea curiosa. ¿Habrá mujeres a las que algo les falta? ¿Frase consuelo? ¿Cuál es la relación del pene que falta en la mujer y el deseo masculino?

Pero es interesante: no sólo a ciertas mujeres, sino a todas las mujeres, a ninguna mujer le falta nada. Lo cual muestra que no se entiende la castración si se parte de los datos de hecho.

La noción o la estructura freudiana de complejo de Castración sirve para dejar percibir la función de la falta en la constitución sexual del sujeto humano. Pero si se parte de datos de hecho, no hay falta. Para que algo falte es necesario partir de conjeturas, de cosas no cumplidas. En resumen: de datos *de derecho* y no *de hecho*.

II

Lo real es algo tan lleno como un ganso después de haberse comido todas las bellotas. Para que exista la falta debe haber espera, un tiempo abierto, algo por cumplirse, conjeturas. O mejor: exigencias, un nivel *de derecho*. La falta surge en la encrucijada del nivel de hecho. Es a partir del "debe de haber" que algo puede faltar. Supongamos que alguien entrara ahora en esta sala y nos dijera que faltan aquí butacas violetas. Uno reaccionaría con malhumor: hay aquí las butacas del color que hay y punto. Para dar un ejemplo gracioso: pensemos en un astronauta que desde la luna tiene que transmitir a la tierra la descripción del suelo lunar. El hombre comienza a caminar sobre el piso lunar con sus enormes zapatones y trasmite: "camino sobre un suelo normal, hay ahora una depresión, siento que el terreno sigue descendiendo, ahora la pendiente se detiene y el suelo parece comenzar a ascender, en efecto comienza una pendiente ascendiente, etc.". Pero supongamos que en el momento en que el terreno desciende el hombre trasmitiera: "Falta aquí una montaña". Sería absurdo. Ahora bien, la teoría y el objeto del psicoanálisis tiene que ver con un tipo de cosas semejante. Con un tipo de discurso donde lo real se parece poco al piso del reconocimiento lunar. ¿Se ven las consecuencias? Si yo dijera —como en la Biblia— que el hombre nace hombre y la mujer nace mujer, podré asignar después, según los intereses del poder político, ciertos privilegios a uno que quitaré a otros. Pero si parto de que uno y otro están vueltos a una exigencia común, el Falo (el "debe de haber" solo pene), las cosas cambian bastante. Tener el pene, para el hombre, no significa ventaja alguna: si lo tiene, es porque puede perderlo. Su situación no es mejor a la de la mujer, quien sumida en la referencia fálica, envidia el pene. No hay privilegio que venga a sellar entonces la diferencia anatómica. Se contestará que no es claro, que existe un cierto privilegio, que si se quiere, la estructura misma es masculina, puesto que hombre y mujer permanecen referidos al falo. Que hay privilegio puesto que es como si sólo existiera un principio masculino, como si sólo existiera la masculinidad, por más que se la describa siempre en peligro en el hombre, como anhelada en la mujer. Y en efecto existe un texto de Freud en que se sugiere que habría una sola pulsión, de naturaleza masculina. No dos pulsiones, una del hombre y otra de la mujer, sino una y la misma, de naturaleza masculina, para ambos. Pero aquí debiéramos dejar hablar a un sencillo razonamiento: si no hay manera de distinguir es porque no hay distinción que pueda ser utilizada con fines de poder. ¿Si la pulsión del varón es masculina, de qué le sirve, puesto que la de la mujer también lo es?

En 1923 Freud comenzaría a hablar además de "fase fálica". Da entonces un paso más. Hacía tiempo que había ya reconocido la importancia de la premisa universal del pene en el desarrollo psicosexual. Pero ahora sugiere además el estatuto de "fase" del Falo. "Etapa" o "fase" del desarrollo de la líbido. Debiéramos detenernos un instante y definir la expresión. "Fase" es algo que el sujeto debe irremediable y obligatoriamente atravesar. Pero además, y durante la fase, aparece o emerge una estructura de relación novedosa. Como los dientes de leche —valga la comparación que hace Freud— que aparecen y luego caen para permitir la aparición de la dentición definitiva. "Fase" significa en definitiva algo que se secuencia en el tiempo, de modo obligatorio, más la emergencia de una relación nueva con los objetos. En la fase oral, la relación con el seno materno, que desaparecerá (pero no es simple: volveremos sobre este punto) para permitir la aparición de la fase anal, modelo de la relación narcisista con el excremento (modelo a su turno del carácter, de las obsesiones).

Que el Falo sea fase supone entonces obligatoriedad y novedad en la aparición. ¿Obligatoriedad de fase?, ¿pero para quién? Se lo ve, para todos, para el niño varón como para la niña mujer. Y habría que comenzar por las consecuencias en el desarrollo de la sexualidad femenina, la que a su turno, tiene consecuencias para el desarrollo de la sexualidad tanto del varón como de la mujer.

Lo interesante de la posición de Freud no consiste entonces en el descubrimiento de que la sexualidad comienza a estructurarse desde muy temprano, sino además que esa sexualidad se estructura en torno a una falta: por el Falo, por donde hay falta. O por la pulsión, la que no tiene determinado su objeto. Podríamos decir para resumir que en la teoría de Freud *la falta tiene lugar teórico*. Y ello porque se descubre en la práctica, en el psicoanálisis como práctica.

Decíamos un instante atrás que el fundamento de la teoría que tratamos de mostrar a ustedes tiene que ver con la sexualidad, en el sentido de esta pregunta: ¿qué es lo que hay en el sexo que lo sexual o algo de lo sexual deba siempre ser reprimido? No necesito insistir en la respuesta: de lo que el sujeto no quiere saber nada (rechazo original por donde hay inconsciente) es de la estructura misma de la pulsión, la que no lo conduce a un Saber de ese objeto, puesto que por definición es lo que ella tiene de más lábil: el objeto. Y además, o simultáneamente, el sujeto nada quiere saber de eso que el Falo articula, o introduce: de que hay "corte" en lo real, fisuras, agujeros, heridas; a saber, la castración. El sujeto no quiere Saber nada del problema con respecto al Saber del objeto, que no hay "razones" para que haya objetos que faltan, pero que estos faltan.

Pero estas faltas introducidas por la estructura de la pulsión y la castración, son estructurantes. Por lo mismo, son imprescindibles teóricamente. ¿Cómo explicar lo que algunos psicoanalistas han llamado "campo de la ilusión" sin referencias a esas faltas, a esos largos cortocircuitos de lo real introducidos por el Falo?

Se comprende por dónde pretendo abrir esta introducción a la teoría psicoanalítica, la necesidad de conceptualizar esa intersección del nivel de derecho, la exigencia, con el nivel de hecho: el Falo, la castración, la estructura de la pulsión.

Cuando hablo de "Saber" me refiero a algo que tiene que ver con esas faltas. Lo cual sólo en apariencia resulta contradictorio con la descripción que Freud nos dio del sujeto infantil, el niño interesado en el conocimiento de las cosas sexuales. El niño, según Freud quiere Saber. La cuestión es que quiere Saber de eso que casualmente nada quiere Saber. De ahí que Freud describiera al niño Leonardo da Vinci interesado en una investigación que dejaría siempre inconclusa, actitud que repetiría el adulto: Leonardo en la investigación de la naturaleza. Lo que Freud llama la "investigación sexual infantil" es un impulso que por decirlo así encuentra su propio freno en sus objetivos. El niño, ese investigador incansable de cosas sexuales, nada quiere Saber de aquello mismo que motiva su investigación: *la diferencia de los sexos*. Es decir, que nada quiere Saber de que no es cierto que sólo hay un solo genital, el masculino. Si Freud otorga tanta importancia a la investigación sexual infantil, es en primer lugar porque sospecha las consecuencias sobre la sexualidad del adulto. Y si se mira bien, no quiere decir sino que esa relación al Saber (bien temprana, propia del sujeto infantil) es constitutiva de la sexualidad. Repitámoslo: porque el Saber se quiere Saber de un objeto que la pulsión no alcanza a determinar.

En este sentido, por lo demás, la histeria es bien relevante para el psicoanalista: por definición hay que entender por "histérico" o "histérica" al sujeto incapaz de determinar el objeto de su tendencia sexual. ¿A quién amo, a él o a ella? ¿Qué quiere decir que sea yo mujer? Tal las preguntas básicas de la histérica. Pero entonces el término no es peyorativo. ¿No descubre la estructura histérica algo que pertenece a la estructura misma de la pulsión? Incluso se podría decir que histeria y teoría psicoanalítica se parecen al menos en ese punto: ambos descubren la labilidad fundamental del objeto de la pulsión. O bien, que la relación al objeto pertenece de alguna manera a una zona de enigmas. ¿No aparece Edipo confrontado a oráculos, a preguntas y al destino, a enigmas? El Edipo es el relato mítico del incesto como destino, pero simultáneamente —y en tanto el oráculo se cumple— enigma para Edipo de su propia identidad. ¿No muestra el mito acaso que Edipo no era quien él creía ser?

Pero detengámonos un instante en la histeria. Más allá de eso que los manuales (de psicoterapia, de psiquiatría) podrán decir sobre la histeria, la histeria es una estructura que pone en juego el Saber (incluso el discurso de los psiquiatras): ello en la medida que el histérico muestra que su relación al objeto de la tendencia sexual es bien lábil, difícil de determinar. Quiere decir: que el discurso psiquiátrico comienza por excluir del campo teórico toda referencia al deseo, a la pulsión, al goce. De ahí que el psicoanálisis tenga bastante que ver con el discurso del histérico, en tanto incluye esos puntos un tanto gravosos, siempre interesantes en fin, que la psiquitría excluye. Repito: el deseo, el goce, la pulsión, su labilidad, el Saber sobre el objeto sexual como enigma.

Ser psicoanalista significará, y en primer lugar, ser capaz de prestar oído a eso que se juega en el discurso del histérico, permitir que el paciente articule y elabore las faltas en relación a la palabra, lo que dice en relación a sus enigmas, la cuestión del Saber en relación a la labilidad del objeto de la pulsión. Podríamos contar el caso de una paciente en quien la investigación sexual (la "pulsión epistemofílica", como la llaman algunos) se revelaba en la relación a su propia hija. ¿Serán ustedes capaces de prestarme ese oído mínimo sin el cual no hay campo psicoanalítico? La paciente, una mujer de cincuenta años, cuenta cómo un día había descubierto que su madre era frígida... Pero el problema de la frigidez no consiste únicamente en que exista (todo el mundo sabe que está mejor repartida de lo que en general la gente confiesa): lo interesante de la frigidez es que, casualmente, la mujer frígida abre el problema de la determinación del objeto de la pulsión. Para comportarme yo como mujer —vendría a decirnos la mujer frígida— debería saber primero qué es ser una mujer, lo cual casualmente no puedo ir a preguntárselo a la pulsión. Pero volvamos a nuestra paciente. Ella descubre que la madre era y había sido frígida (la madre misma se lo había contado en un momento de la vida de ambas imbuido de un cierto trágico, de confesiones y tragedia). ¿Pero cuál era la relación de la historia sobre la frigidez de la madre con la vida actual de la paciente, la que confiesa que no puede evitar meter las narices en la vida amorosa de su propia hija, abrir su correspondencia, espiarle las relaciones? La paciente dice de buena fe que su preocupación responde a la necesidad de asegurarse sobre la moral sexual de la muchacha. La hija de la paciente —una chica de nuestro tiempo, época llamada, ustedes saben, de la "revolución sexual"— lleva por lo demás una vida sexual complicada, neurótica y desprejuiciada a la vez. Por lo mismo, la necesidad de espiar llevaría a la madre a sus buenos dolores de cabeza.

¿Pero por qué espiar? ¿Por qué la necesidad —"compulsiva" decía la mujer— de abrir la correspondencia de la hija? Cuando se la invita a asociar confiesa ella misma su temor de ser frígida como su madre. Cuando se había enterado del estado de su madre había acudido por lo demás a esos libros sobre la sexualidad y el matrimonio que todo el mundo conoce. Había hojeado página tras página en tales libros. Siempre con una sensación —dice— de culpabilidad, de temor: ¿por descubrir lo que temía descubrir o por ser descubierta? En resumen: había "espiado" esos libros. Había "espiado": literalmente, buscado temiendo encontrar tal vez eso mismo que buscaba. En este caso un Saber que la hubiera descalificado como sujeto sexuado. ¿Pero no es esa misma ambigüedad con respecto al Saber el que se halla en el origen de la necesidad de espiar las cartas de la hija? La paciente declara, finalmente, que en efecto, que le ocurre espiar en el presente la correspondencia de la hija, los papeles de su hija, como en el pasado buscaba en las hojas de los libros sobre sexualidad. Pero aparte: ¿no había que interpretar que sobrevalorizaba el Saber sexual de la hija? ¿No otorgaba a la hija el mismo Saber que antaño había otorgado a los libros sobre el sexo y el matrimonio? Es un poco pronto para decir la fórmula: pero esta paciente era bien histérica, puesto que otorgaba el Saber sobre la sexualidad a la otra mujer, en este caso a su propia hija. ¿Pero no perciben ustedes —no oyen ustedes, quiero decir— por dónde se elabora en este caso la "pulsión epistemofílica", esa compulsión a espiar? En definitiva: la necesidad de Saber sobre el sexo es idéntica o correlativa al hecho de que la pulsión no determina el objeto, que esa determinación es objeto de una necesidad de saber, y esta necesidad la consecuencia de un enigma de base.

Pero dejemos por el momento esta vertiente de las relaciones del Saber a la pulsión, para comenzar a introducirnos en otra que, aparentemente, poco tendría que ver con ella. Volvamos a los orígenes del psicoanálisis para recordar que Freud advierte que el psicoanálisis comienza en verdad en el momento en que hace "asociar" a sus pacientes. En el principio —como consecuencia de su experiencia en Francia— había creído que la hiponosis podía ofrecer el instrumento de base para la terapia del neurótico. Pero pronto había comprobado que sólo un porcentaje muy bajo de pacientes era hipnotizable. Por lo demás, la hipnosis ejercía una cierta incidencia, moralmente sospechosa, sobre la voluntad del paciente. Cambia entonces Freud el método hipnótico por el procedimiento que llamó de la "presión": presionaba la frente de los pacientes tratando de sugerirles que se abandonaran y que de inmediato iba a aparecer el recuerdo patógeno, el causante de la enfermedad o el interesante para la terapia. Freud pensaba entonces que la causa de la enfermedad era un trauma que había quedado sin elaboración, y que la condición de la cura era traerlo a la conciencia. La hipnosis y el método de la "presión" son correlativos de la teoría traumática. Pero lo hemos visto: en 1897 abandona la teoría del trauma y descubre el concepto de fantasía. Ahora bien, es sólo a partir del reconocimiento de que no se trata de un hecho real pasado que debe ser relatado, que el relato del pasado cobra un valor ignorado hasta entonces. Cuando Freud buscaba el trauma real, la terapia que imaginaba sólo podía ser de "presión". Es decir, se trataba de hacer hablar al paciente, en primer lugar, de lo importante, del acontecimiento oculto. Pero cuando se abandona la teoría del trauma cambia la idea de cuál sería el tipo de discurso que debería promoverse en el paciente. Quiero decir: la teoría de la libre asociación, hacer que el paciente hable de cualquier cosa, que se entregue a sus asociaciones más banales, no es sino una teoría correlativa a una idea que ha cambiado con respecto a los contenidos del discurso. No se trata de ayudar a que el paciente "confiese" lo "importante", sino de permitirle hablar de lo que aparentemente carece de importancia. Y en primer lugar, de lo que carece de importancia *para él*. La idea misma de discurso y de palabra, la idea de qué cosa es el lenguaje en el psicoanálisis, cambia entonces de rumbo. Diremos que la nueva dirección inaugurada es en efecto la propiamente psicoanalítica.

Cambia incluso la idea de qué cosa es una "defensa" en relación al lenguaje y la palabra. Cuando el paciente no habla, y se mantiene en silencio, dirá si se lo interroga que no habla porque "nada de importante se le ha ocurrido". Lo que casualmente, enseña Freud, habrá que interpretar como defensa, como negativa a comunicar esas ideas banales que con tiempo, con rodeos y mediaciones, nos podrían conducir a las ideas interesantes. Lo que conduce a algún lado no es desde entonces la confesión, sino la asociación: en el discurso lo importante es lo no importante. Psicoanalizarse desde entonces significará abandonarse a la política del tero. ¿Pero hay teros en España? ¿Conocen ustedes el dicho sobre la conducta del tero? Este pajarraco, como se sabe, pone el grito en un lado y los huevos en otro...

Tocamos este campo espinoso: el del psicoanálisis propiamente dicho. Freud decía que éste comienza cuando la palabra revela su semejanza fundamental con la función de la palabra en el chiste. La función de la palabra por donde las palabras revelan su capacidad de remitir no a lo que quieren decir, sino a otra cosa. Hay en la palabra para el psicoanálisis un operador "tero": no hay que buscar en ellas lo que ellas significan, sino otra cosa. Por ejemplo, en alemán "niederkommen" significa "tirarse abajo", pero también significa "parir". Desde entonces una paciente que se "tira abajo de las ruedas de un tranvía" no hace sino realizar su deseo de parir un hijo... Como se ve, el operador "tero" nos conduce a consecuencias que pueden ser duras.

¿Pero en qué se parece todo esto (para repetir la fórmula de las adivinanzas) con la labilidad del objeto de la pulsión y con esa concepción de la sexualidad que decíamos escindida del Saber? Se lo ve: en todo. De la misma manera que la pulsión no conduce al objeto, tampoco la palabra conduce a lo que ella significa, no nos asegura (como en el chiste) sobre su referente.

Pero entonces, y si todo esto fuera cierto, el psicoanálisis nos permitiría una cierta experiencia del inconsciente a través de la capacidad de la palabra de no nombrar a sus referentes, de referirse a otra cosa. Habría entonces que liberar ese potencial de operador "tero" de la palabra, para poder evocar, en la palabra y sólo en ella, la labilidad del objeto de la pulsión. A partir de este punto nos podríamos referir a la famosa frase de Lacan que dice que "el inconsciente está estructurado como un lenguaje".

Resumen de A. Berenstein. *Quisiéramos acentuar, en el discurso de Masotta, el privilegio otorgado a la palabra según Freud. Por lo mismo, será fundamental escuchar a la audiencia, las preguntas, las certidumbres, las dudas. Me gustaría ayudar el diálogo ordenando previamente las cuestiones introducidas por Masotta en sus conferencias de hoy. Sintetizaré, de manera breve, las afirmaciones que tal vez son interrogantes para ustedes, las cuestiones, algunas bastante áridas, que han sido planteadas a lo largo de las dos conferencias.*

En primer lugar Masotta se refirió a los orígenes del pensamiento psicoanalítico. Ese origen está ligado a la propia historia de Freud como investigador y el punto de partida está en la hipnosis y la presentación de los casos de histeria por Charcot. En aquella encru-

cijada había tres elementos que debiéramos tomar en cuenta: la doble conciencia, la capacidad del hipnotizador de producir síntomas, y el origen sexual de la histeria (este punto, más allá de la conexión de la palabra "histeria" con el órgano sexual femenino). Freud comienza entonces por separar la histeria de la genitalidad. Señala además que la histeria no es estrictamente femenina. Y además —lo cual tiene mayor importancia— la conexión de la histeria con una causa hundida en el pasado, con un trauma en el pasado.

El campo de la relación de la histeria con el psicoanálisis (la histeria selló el origen del psicoanálisis) abre el problema del objeto de la pulsión y del sexo como enigma. En 1905 Freud describe el pensamiento (pero es el del médico) vulgar sobre la sexualidad y abre el campo teórico de otro tipo de indagación. El conocimiento vulgar afirma que no había sexualidad infantil, que la sexualidad irrumpía en el período de la pubertad, y que la determinación del objeto de la sexualidad se realizaba en la edad adulta. Y además que el fin único al que tendía la sexualidad era el acto sexual. La sexualidad en esta visión estrecha sólo significa el coito del adulto. Freud introduce desde entonces una divergencia con respecto al pensamiento vulgar, una ruptura: no sólo hay sexualidad infantil sino que afirma que a los cinco años ya se encuentra determinada la estructura de la sexualidad del adulto. Descubre que la relación de determinación de la pulsión con objeto es bien lábil, y la posibilidad aún de la búsqueda de fines sexuales que poco tienen que ver con el acto sexual. De tal certidumbre parten las investigaciones freudianas sobre las perversiones. Se señala inmediatamente que existen tres ideas centrales del pensamiento freudiano: la pulsión sexual, el inconsciente ("freudiano") y la transferencia. Con respecto a la pulsión, Masotta insiste en que la relación con el objeto no está determinada, que no hay relación natural, necesaria con el objeto, que la relación del objeto a la pulsión es lábil. Con respecto al inconsciente freudiano se afirma que no se lo abordará directamente, pero que no se hablará de otra cosa, que será el tema implícito de las conferencias. A raíz de la estructura de la pulsión Masotta recuerda el encuentro de Freud con Breuer, el caso Ana O., el planteo de Breuer en los estudios, es decir, la conciencia dividida o la doble conciencia. Y por otra parte, en el mismo libro escrito en común, el planteo de Freud: la histeria de defensa. Freud afirma contra la idea de una doble conciencia mecánica, que si el sujeto se escinde es porque hay algo que no puede tolerar. Lo que no es dejado entrar en la conciencia es el contenido sexual de la representación. El sujeto se defiende de cosas sexuales. Pero hasta entonces, y aun en Freud, lo sexual era referido al "instinto" y pertenecía al pasado. ¿Pero qué es eso que en lo sexual debe ser reprimido? La respuesta es: que no hay objeto determinado de la pulsión, que no hay Saber sobre el objeto. El inconsciente sería algo así como lo que no va entre el Saber de lo sexual y la sexualidad.

Recuerda Masotta inmediatamente las tres protofantasías freudianas: la seducción, la escena primaria (coito parental vivido como perturbador por el sujeto infantil), y la castración. Las tres protofantasías nos conducen al complejo de Edipo, la tendencia amorosa hacia el padre del sexo opuesto, y a la castración como nudo del Edipo. El Edipo es un complejo, es decir, un complicado nudo de relaciones. Lo mismo la castración: es un complejo, un nudo de relaciones. Inmediatamente y para introducirnos en el Edipo, Masotta habla de Edipo ampliado. En el Edipo reducido coloca todos los casos en que no se trata sino de tres personajes (Edipo positivo, negativo o completo). El Edipo ampliado contiene algo más que los tres personajes: una "cosa" (?); introduce en la estructura lo que asegura su dinámica, el Falo.

Del Falo se dice que no es el pene, que es la premisa universal del pene, la creencia infantil de que sólo

48

hay pene como órgano genital, el rechazo de la diferencia de los sexos. La cuestión o la problemática del Falo nos lleva al complejo de castración; pero no hay que confundir el complejo con la amenaza de castración. Hay que distinguir entre fantasía, amenaza y complejo de castración. Refiriéndose a la sexualidad femenina se dice que hay falta ahí donde en lo real nada falta y se habla de la intersección del nivel de derecho y el nivel de hecho en el corazón mismo de la determinación sexual del sujeto. Hay complejo de castración por la premisa, la que dice que sólo debe de haber pene. La falta "tiene lugar" en la teoría freudiana. El Falo por lo demás es también "etapa" del desarrollo libidinal: la fase fálica, que Freud introduce posteriormente a su trabajo capital de 1905, debe ser atravesada por todo sujeto, sea hombre o mujer. Se nos remite nuevamente al problema de que la sexualidad conecta y conduce a la falta de objeto, a la estructura de la pulsión por lo mismo. La pulsión no tiene de entrada objeto y no hay Saber sobre la sexualidad. La histeria viene aquí a corroborar esta estructura de la sexualidad. Histeria y teoría psicoanalítica se parecen en algo: en la promoción de la no determinación del objeto por la pulsión.

Se nos introduce finalmente al campo específico de la teoría y la práctica psicoanalítica: el campo de la palabra. Para hacer posible la de Masotta en seguida diría yo que la audiencia debería hacer uso ahora de ella.

Pregunta. Me gustaría que Masotta me aclarara algunas cosas. ¿Qué significa que la pulsión no tiene objeto en nuestro contexto cultural actual? No nos lleva tal cosa hacia ciertos derroteros..., por ejemplo, hacia que no habría una evolución normal hacia la heterosexualidad del adulto normal y la monogamia. Si la pulsión no tiene objeto hay ahí un principio abstrac-

to, algo no concreto, indeterminado. Como si la pulsión brotara de algo vital, biológico, indeterminado. Algo que no se podría racionalizar ni domesticar. Y entonces para la pulsión sería lo mismo que hubiera un sexo u otro. O que los dos o que ninguno, y que una energía sublimada...

Usted habla de un cierto campo de la cultura que se vería perturbado por el hecho de que habría algo profundamente indomesticable en la pulsión. No son mis palabras pero ellas —las suyas: Freud usaba las mismas— traducen bien mi pensamiento. En efecto, la teoría que entiendo exponer deja concluir que no hay "evolución" segura hacia una sexualidad "adulta" heterosexual normal; en el sentido de que tal evolución sería sólo "normativa" sin quedar garantizada por ninguna legalidad de hecho. Las leyes de hecho (un cierto invento del pensamiento de las derechas políticas), no podrían tener lugar alguno en la teoría psicoanalítica. En la teoría psicoanalítica, como dijo Mario Levin, un psicoanalista argentino: no hay lugar para la normalidad. Todo el lugar está ocupado por los neuróticos, los perversos y los psicóticos. Sin embargo, hay una paradoja inherente al campo: la gente se enferma —nos vino a decir Freud— por intentar domesticar lo indomesticable. La paradoja consiste en que tampoco se podría decir que la teoría recomienda las perversiones. Pero Freud no dijo —y menos yo— que ese aspecto indominable de la pulsión estuviera determinado por lo biológico. La teoría freudiana es lo que menos se parece a cualquier ideología del orden de los vitalismos. Freud dice, mejor, que los objetos sexuales son alcanzados trabajosamente, que ninguna fuerza asegura o facilita la relación del sujeto con los objetos de su sexualidad. En cuanto a la heterosexualidad, y para tranquilizarlo a usted: diré que existe, según Freud, pero como término laborioso y siempre lábil del desarrollo psicosexual.

Lo positivo de la posición freudiana es que nos permite otorgar racionalidad a las perversiones, las que entran ahora en el campo de la teoría y la práctica. Un perverso —al menos de derecho— es analizable. Por lo demás, el término mismo no indica nada peyorativo para Freud. Las perversiones sólo nos ayudan a no olvidar la estructura de base de la pulsión. Pero no os intranquilicéis ante la posición del psicoanalista: tampoco se puede decir que su voluntad es la de promover las perversiones. Pero al revés, tampoco promueve la sexualidad normal. El psicoanálisis no promueve nada.

Pero aun, para intranquilizarnos: ¿es que hay perversiones sexuales entre los animales? Sólo muy aparentemente. Algunos homosexuales ilustres, escritores importantes, quisieron alguna vez justificar la homosexualidad mostrando que aun los animales, e inocentemente, la practicaban. Pero era mucho otorgar, era hacerse, para mi gusto, una idea demasiado alta del reino animal. La perversión sexual por antonomasia es el fetichismo, ¿pero conocen ustedes algún animal fetichista?

Volviendo a sus palabras, hay en efecto algo indomesticable en la pulsión: tiene que ver con la cultura y con la represión. Pero la represión en la teoría psicoanalítica no es un concepto cultural. Freud usa otro término distinto al de represión cuando se refiere a los objetos de lo rechazado por lo cultural: es lo "oprobioso". La represión tiene que ver en cambio con la estructura misma de la pulsión. Nosotros decíamos que el sujeto se constituye como inconsciente (a saber, que reprime) porque nada quiere Saber de que no hay en la pulsión Saber del objeto. Para usar una frase de Freud: la represión es un destino de la pulsión...

El sujeto se enferma —para decirlo groseramente— porque no quiere saber de que no hay Saber (o que el Saber, como dice Lacan, no se confunde con la Verdad). Por lo menos, es lo que le ocurre al neurótico. De

51

ahí que el sujeto "pida". ¿Qué? Saber. He aquí lo que tiene que ver profundamente con la transferencia.

Pregunta. *Me ha parecido que usted utiliza refiriéndose a la pulsión dos definiciones distintas. Por una parte usted habla de falta de objeto, de que a la pulsión le falta el objeto. Por otra afirma una relación de la pulsión a la represión... ¿Es posible precisar el estatuto del objeto de la pulsión? ¿Falta, está reprimido o hay un tercer camino para entender la cuestión?*

Usted tiene razón de señalarme el uso simultáneo de definiciones o caracterizaciones distintas hablando de la pulsión. Una cierta ambigüedad de mi discurso cuando se trata del objeto de la pulsión, ya que por momentos hablo de labilidad, en otros de no determinación, y en otros directamente de falta de objeto. Pero me parece que esta ambigüedad podría ser fructífera. Y fue por el desvío de esta ambigüedad por donde sin transición pasé yo, de hablar sobre la pulsión, a hablar sobre las palabras. Para que exista el lenguaje (el verbal, el lenguaje por antonomasia) las palabras deben poder no remitir a sus referentes. Si la palabra "copa" sólo significara la "copa", no habría lengua castellana (punto sobre el cual los catalanes se pondrían contentos, pero que no dejaría menos de cuestionar la existencia misma del catalán).

Para aclarar un poco la cuestión diré que cuando hablo de no determinación del objeto de la pulsión, me refiero casi expresamente a la bisexualidad, que Freud describió como básica. Lo cual viene a significar que tanto la heterosexualidad como las perversiones son resultados del desarrollo, no datos de entrada (ello, es cierto, en un sentido, puesto que para Freud el niño es poli-perverso). Pero al introducir el Falo en mi discurso, tenía que hablar además de falta de objeto. Lo que trataba de sugerir con mis ambigüedades es que entre una cosa y la otra tiene que haber alguna conexión fundamental. Pero todo a la vez tiene que ver con la lengua y el lenguaje. Pulsiones sin objeto, palabras sin referentes...

Pregunta. *Discúlpeme, pero no entiendo. ¿La pulsión tiene o no tiene objeto?*

A la altura de mi discurso de hoy deberé contestar por una parte sin abandonar cierta ambigüedad, y por la otra por la negativa. La pulsión no tiene objeto, lo encuentra. Pero hay que cuidarse: que lo encuentre no quiere decir que lo tenga. Y teóricamente hablando, debe uno cuidarse además de no obturar las faltas. En la teoría psicoanalítica no hay "*seres*" perfectos ni en este mundo ni en ningún otro: el psicoanálisis no es un platonismo. Como dice Lacan: en psicoanálisis se trata de *repetición*, no de *reminiscencia*. Si uno recuerda como en Platón lo que una vez supo, es que en algún lado hay un sujeto que Sabe. Ello en algún lado, en un pasado mítico o en algún "topos" celestial. En Freud, y si yo no he entendido mal (pero este punto es difícil), *el sujeto repite el hecho de que creyó que podía Saber.* El objeto primordial, la madre, el objeto profundamente perdido: he ahí el objeto de una ilusión de Saber. Pero para Freud ni aun la madre es capaz de obturar ese "indomable" del que hablábamos hace un rato...

Pregunta. *Usted está contra el platonismo. ¿Pero no es el Falo un objeto bien platónico?*

Si usted ve ahí un principio de platonismo, sería difícil convencerlo de lo contrario. Pero en todo caso habría que decir, con Freud, que la culpa no es de la teoría. El platonismo estaría en los niños.

Pregunta. *¿Cuál es la relación entre la falta y la imagen especular? ¿En el Estadio del espejo no viene el niño a obturar la falta mediante la apropiación de su imagen?*

Yo no he hablado aún de "estadio del espejo" ni pensaba hacerlo en estas conferencias. A veces, no hay que mezclar los lenguajes teóricos. De cualquier manera pienso, con respecto a su pregunta, que algo falta en efecto en la imagen especular: es la mirada de la madre. La mirada de la madre que ratifica la mirada por donde el niño descubre su propia imagen en el espejo y a ella se aliena. En el espejo el sujeto no obtura la apertura fálica: abre el campo de una mirada que falta. Es la mirada de la madre.

III

Resulta interesante notar que cuando Freud debe
dictar un curso de introducción al psicoanálisis, los temas que elige aparecen en el siguiente orden: en primer lugar se referirá a los actos fallidos, en seguida
tratará de estudiar los sueños, y finalmente la teoría
sexual y la teoría de la neurosis. Pienso en las famosas
conferencias de *Introducción al psicoanálisis* de 1916-
1917. Quiero decir, que cuando Freud quiere introducir
a su audiencia al concepto psicoanalítico por excelencia, el inconsciente, no lo hace hablando sin más de la
represión de la sexualidad, sino que trata de mostrar
las lagunas del discurso inconsciente, llama la atención
más sobre fenómenos de palabras que sobre las cuestiones del sexo. Sin embargo, se lo ve: si se puede partir de los fenómenos de lenguaje (equívocos, lapsus,
olvidos) para luego llegar a plantear cuestiones que
hacen a la represión y a la sexualidad, no es sino porque hay una estrecha relación entre lo uno y lo otro.
Apasiona observar el cuidado didáctico con que Freud
conduce a la audiencia desde un cabo al otro de la cuestión. Los olvidos, los lapsus, los actos fallidos, no obedecen sino a la necesidad de ocultar un deseo...; y será
por este desvío del deseo que las fallas de la palabra
se relacionan con la sexualidad.
   Freud enseña en efecto que no es sino con las palabras que el sujeto puede decir lo que casualmente no

quiere en absoluto decir. Y eso que en el discurso del sujeto queda dicho sin que el sujeto lo quiera, abre —se lo ve— el campo de la relación del sujeto al deseo. Los lapsus, las equivocaciones verbales, los olvidos de palabras, son cortocircuitos del discurso por donde se filtra el deseo inconsciente. Freud cuenta el caso del presidente de la Cámara Austro-húngara, quien abre un día la sesión con las siguientes palabras: "*Señores diputados, en la apertura de la sesión, hecho el recuento de los presentes, y viendo el suficiente número, se levanta la sesión*". Ejemplo claro, donde se ve que el discurso dice exactamente lo contrario de lo que el sujeto que habla se propone decir. Y se ve también en acción al deseo del presidente de la Cámara: el deseo de levantar de inmediato la sesión en cambio de tener que soportarla. En el mismo texto, encontrarán ustedes este otro ejemplo, el de un profesor de anatomía que después de su lección sobre la cavidad nasal pregunta a sus oyentes si le han comprendido, y que después de recibir una respuesta afirmativa, sigue diciendo: "*No lo creo, puesto que las personas que comprenden verdaderamente las cuestiones relacionadas con la anatomía de la cavidad nasal, pueden contarse, aún en una gran ciudad de más de un millón de habitantes, con un solo dedo. ¡Oh, perdón!, quiero decir con los dedos de una sola mano*". Se lo ve: había uno solo que entendía, él mismo. Freud nos introduce al inconsciente mediante ejemplos de este tipo. En otro ejemplo, en su toma de posesión del cargo un catedrático dice: "*No estoy inclinado a hacer el elogio de mi estimado predecesor*". Mientras que había querido decir, en tono falsamente cordial hacia quien había dejado el cargo: "*No soy yo quien está llamado a hacer el elogio de mi estimado predecesor*". Este ejemplo es más interesante, puesto que de una frase a otra sólo media la semejanza de dos términos: estar inclinado, estar llamado (más evidente en alemán: *geneigt/geeignet*). Interesante, digo, puesto que se lo ve: nos remite a la relación (bien lábil) de la palabra a su referente; a saber, nos introduce a la cuestión del significante.

Ahora bien, este punto es fundamental. Por varias razones. En primer lugar porque es un punto permanente en la obra de Freud, algo que Freud no deja de afirmar (la relación del significante con la estructura del sujeto y el inconciente) a lo largo de toda su obra. Como se ha dicho, Freud ha sido un autor de ideas cambiantes. Pero sobre este punto, nada ha cambiado desde sus primeros trabajos hasta sus artículos póstumos.

Insistíamos sobre la cuestión de la pulsión y el objeto, su labilidad; la cuestión, si se prefiere, de que la pulsión no tiene objeto. Es necesario conectar ahora ese punto con este otro: con la idea del significante en Freud. Que no hay relación unívoca entre palabras y referentes, tiene alcance, para Freud, en la determinación de la estructura del sujeto; o aún —si se me permite— tiene alcance patógeno, es capaz de producir efectos, promover síntomas.

Pero no menos fundamental: el significante tiene no sólo que ver con aquello que el inconsciente es capaz de producir, los síntomas, los actos fallidos, los sueños, etc.; sino que aun —y por lo mismo— con la delimitación misma del campo en que se lleva a cabo la práctica psicoanalítica. Si en psicoanálisis (en *un* psicoanálisis) sólo median las palabras, entonces abrá que tener muy en cuenta esta capacidad de la palabra de zafarse de su significado habitual, no habrá que olvidar a ese "tero" que habita toda palabra.

Digamos algo con respecto al concepto de "significante". Ustedes saben, no es freudiana, pertenece a una tradición más moderna, tiene que ver con la historia de la lingüística contemporánea y remite al *Curso de lingüística general* de F. de Saussure. A nosotros nos bastará por el momento, y para poder manejarnos en adelante, con una definición sencilla de lo que es el significante. Diremos entonces, a manera de definición, que llamamos "significante" a la palabra, ello en la medida que la palabra puede remitir a más de una significación. Cuando decimos "palabra", habría que agregar, que nos referimos en primer lugar al sonido, a lo que llega a la oreja. Por ejemplo el grupo de sonidos en español /cazar/ que puede significar tanto ir a tirotear perdices como quien tira tiros al viento, o bien puede significar —sólo media una leve diferencia de sonidos— el hacer que dos individuos de sexo distintos den prueba a la sociedad de que van a promover la especie, lo que poco tiene que ver con el viento... En el famoso *Curso* de Saussure esto estaba dicho de manera distinta, pero la intención es semejante. Saussure señalaba el hecho de que no hay necesidad alguna que ligue una palabra a lo que ella quiere decir. Que no hay razón para llamar /caballo/ al "caballo", a ese animal que conocemos por tal nombre. La manera más sencilla de comprobarlo es recordar que los ingleses llaman /horse/ a la misma triste figura.

En torno a los años 1900 Freud escribe tres voluminosos libros que responden a la intuición fundamental del significante: sus libros sobre el *Chiste* (1905), la *Psicopatología de la vida cotidiana* (1901) y la *Traumdeutung* (1900). En su trabajo sobre el chiste reflexiona sobre sus relaciones con el inconsciente, como lo dice el título mismo del libro, y lo que encuentra es nada menos que *el chiste es modelo*. A saber: que la operación que subyace a ese efecto de un relato que nos hace reír es la misma operación que suyace a toda *Bildung* (formación), es decir, a todo producto producido por el inconsciente, el lapsus, el síntoma, el sueño, el acto fallido. El chiste es interesante para Freud porque está hecho con palabras, porque su efecto depende únicamente de las palabras. Con un poco de inglés se entiende por qué a los londinenses les gusta tanto este chiste: Un señor se dirige a otro para pedirle fuego para su cigarrillo: *"Have you got a light, Mack?"*. Y el otro contesta: *"No, I have a heavy overcoat!"*.

Freud, a quien le gustaban los chistes judíos, cuenta el de un judío que le dice a otro: *"Has tomado un baño?"*. Y el otro contesta: *"¿Es que falta alguno?"*. En este ejemplo se ve cómo la palabra "tomar" es la responsable de este efecto que llamamos chiste. La palabra permanece, su sentido se desliza, subrepticia y repentinamente cambia: el resultado es el chiste. Pero lo que importa, como decía, es que Freud ve en este deslizamiento del significado el modelo de toda formación. Y también, el modelo de la formación que llamamos *síntoma*. Ello quiere decir algo cuyo alcance puede resultar un tanto inusitado: que el proceso psíquico que produjo un síntoma contiene un operador del tipo del significante, también en el proceso de producción del síntoma más grave. Lo que Freud viene a decirnos, se lo ve, es un mensaje un tanto incómodo: que hasta las enfermedades mentales del hombre están estructuradas como un chiste. Es bueno recordar, al respecto, un temprano ejemplo tomado de un caso clínico presentado por Freud.

A menudo me agrada dar este ejemplo ya que muestra hasta qué punto Freud estuvo convencido desde muy temprano sobre el papel estructurante del significante en relación al síntoma. Se trata del caso de Isabel de R. que Freud relata entre los historiales clínicos del libro que en 1895 publica conjuntamente con Breuer, los *Estudios sobre la histeria*. Freud había tratado a la paciente en 1892, quien sufría en especial, entre otros síntomas, de una astasia-abasia, parálisis de las piernas, en las que además se observaban áreas particularmente dolorosas. Freud nos cuenta el tratamiento y la manera en que investiga el origen de los síntomas, buscando en la historia de la paciente el conjunto de los pequeños traumas que habrían sido responsables de los dolores y la parálisis. Lleva a cabo, si se quiere, un verdadero, serio trabajo de detective, buscando en los acontecimientos y en los conflictos reales de la paciente, con su padre, sus hermanas, sus cuña-

dos, su familia en fin, las causas de los síntomas y aun
las particularidades de los lugares precisos en que aparecían los dolores somáticos. Descubre entonces más
de una serie de traumas y de causas. Pero al fin del trabajo de búsqueda agrega que aun había operado en la
determinación de los síntomas otra serie, la que se unía
a las anteriores para acentuarlos. Refiriéndose a tal
serie Freud llega a hablar de "parálisis funcional simbólica", entendiendo por "simbólico" en este texto exactamente lo mismo que nosotros llamamos hace un
momento "significante". Vale la pena reproducir el
fragmento completo del texto freudiano (*Obras Completas*, Biblioteca Nueva, 1948, tomo I, p. 85):

"*De este modo había crecido primeramente por apo-
sición el área dolorosa, ocupando cada nuevo trauma
de eficacia patógena una nueva región de las piernas,
y en segundo lugar, cada una de las escenas impresio-
nantes había dejado tras sí una huella, estableciendo
una "carga" permanente y cada vez mayor de las di-
versas funciones de las piernas, o sea una conexión de
estas funciones con las sensaciones dolorosas. Más,
aparte de esto, era innegable que en el desarrollo de la
astasia-abasia había intervenido aún un tercer mecanismo. Observando que la enferma cerraba el relato
de toda una serie de sucesos con el lamento de haber
sentido dolorosamente durante ella "lo sola que estaba"
(stehen significa en alemán tanto "estar" como "estar
de pie") y que no se cansaba de repetir, al comunicar
otra serie referente a sus fracasadas tentativas de reconstruir la antigua felicidad familiar, que lo más doloroso para ella había sido el sentimiento de su "impotencia" y la sensación "de que no lograba avanzar
un solo paso" en sus propósitos, no podíamos menos
de conceder a sus reflexiones una intervención en el
desarrollo de la abasia y suponer que había buscado
directamente una expresión simbólica de sus pensa-
mientos dolorosos, hallándola en la intensificación de*

sus padecimientos. Ya en nuestra "comunicación preli-minar" hemos afirmado que un tal simbolismo puede dar origen a los síntomas somáticos de la histeria, y en la epicrisis de este caso expondremos algunos ejemplos que así lo demuestran, sin dejar lugar ninguno a dudas. En el caso de Isabel de R. no aparecía en primer término el mecanismo psíquico del simbolismo: pero aunque no podía decirse que hubiera creado la abasia, sí habíamos de afirmar que dicha perturbación preexistente había experimentado por tales caminos una importante intensificación. De este modo, en el estado en que yo la encontré, no constituía tan solo dicha abasia una parálisis asociativa psíquica de las funciones, sino también una parálisis funcional simbólica".

¿Es que se entiende? Resumamos a Freud. Isabel, como buena histérica, y esto es de importancia, había pasado bastante tiempo cuidando a su padre enfermo. Situación de por sí histerogenizante, como lo había ya descubierto entonces Freud y Breuer. Detengámonos un instante en este punto. Lo histerógeno: haber pasado mucho tiempo junto al lecho de un enfermo, en situación pasiva ante la *demanda* del otro (padre, hermano, pariente). Y se entiende la razón: ¿qué puede hacer la persona a la cabecera del enfermo con sus propios deseos, con sus deseos más banales, ante la gravedad del estado del enfermo? La emergencia del más mínimo deseo basta para tornar a ese deseo culpable, estructura que Freud había comprendido se hallaba en la base de la represión. Una relación de este tipo, la del culpable para con sus propios deseos, se halla en la etiología de los síntemas de Isabel. Culpa además —según interpreta Freud— por sentirse atraída por su cuñado, el marido de su hermana, la cual, por lo demás, enferma y muere. Será sobre el fondo de esta situación doble o triplemente culpable que Freud buscará los acontecimientos vividos por Isabel, los acontecimientos relevantes para entender los dolores somáticos. Pero aun, Freud sabía además que como buena histérica Isabel de R. era bien endofamiliar, es decir, que se preocupaba por mantener, por sostener, por afirmar los lazos familiares, por mantener a la familia en un *statu quo* de felicidad que el tiempo y la realidad desdecían. Las histéricas de Freud son endofamiliares, centrípetas: tiran hacia adentro los lazos familiares. ¿Pero cómo iban las cosas en la familia de Isabel? Padre muy enfermo, muerto, la madre lo mismo. La hermana mayor se casa con un personaje bien desagradable para aquella histérica; a este hombre poco le interesa la familia, se lleva a la hermana mayor a vivir lejos de la familia. En cuanto a la hermana menor: ahí las cosas funcionaban bien, sólo que Isabel se enamora (y no lo sabe, interpreta Freud) de ese encanto de hombre endofamiliar y respetuoso de la familia que su hermana había elegido por marido. Se lo ve, los proyectos endofamiliares de Isabel derivan en un verdadero desastre. Se podría decir: "*En esa familia, las cosas no andaban, no caminaban*". He ahí entonces, nos señala Freud, que Isabel de R. tampoco anda, no *camina*. A saber, que hace su parálisis histérica...

Escucho —como decía el cronista de toros— el silencio en el ruedo. Silencio interesante para mí, ya que estamos hablando del alcance de las palabras, de lo que por esencia debe ser escuchado. Pero es cierto que Freud se muestra cauteloso y no dice que el síntoma sin más ha sido producido por esa operación semejante a la del chiste, sino que dice que tal operación se agrega a la producción, que "intensifica" el síntoma. Pero es demasiado temprano para entrar a discutir tal cautela freudiana... Vale más volver otra vez al texto, al ejemplo que nos prometía para el final de la epicrisis del caso (*Obras completas*, Idem., p. 101):

"Añadiremos todavía un segundo ejemplo que evidencia la eficacia del simbolismo en otras condiciones distintas. Durante cierto período atormentó a Cecilia M. un violento dolor en el talón derecho, que le impedía andar. El análisis nos condujo a una época en que la sujeto se hallaba en un sanatorio extranjero. Desde su llegada, y durante una semana, había tenido que guardar cama. El día que se levantó, acudió el médico a la hora de almorzar para conducirla al comedor, y al tomar su brazo sintió por vez primera aquel dolor, que en la reproducción de la escena desapareció al decir la sujeto: 'Por entonces me dominaba el miedo a no entrar con buen pie entre los demás huéspedes del sanatorio'."

Esta enferma sufría, para esa época, dolores en los pies que la obligaban a guardar cama. Ahora es a la inversa: la operación significante, semejante a la de la formación de un chiste, no sólo está en la base de la producción del síntoma, sino que aun, nos dice Freud, es útil incluso para el levantamiento del síntoma mismo; tiene utilidad —si ustedes me permiten— terapéutica.

Este ejemplo nos permite introducirnos o aclarar nuestra afirmación de que el significante tiene que ver con el límite mismo del campo de la práctica psicoanalítica. En efecto, si el chiste es *modelo* de toda formación, ¿qué será aquello que el analista deberá capturar en la palabra del paciente sino algo que tenga que ver con la operación que define al modelo, a saber, el significante?

La situación analítica —se lo sabe, pero se olvida a menudo las consecuencias— es una relación dialógica por excelencia, es decir, una relación de palabras donde sólo median palabras. Pero sin embargo, habría que cuidarse de decir que tal relación, que únicamente pasa por el lenguaje, es una relación de "comunicación". Lo que el analista "está a la escucha" de la palabra, es la operación "tero" que la habita, y no lo que el paciente quiere decir. En lo que quiere decir, y por intermedio de esas fallas de la palabra, escucha lo que el paciente no quiere decir. La situación analítica no es una situación de comunicación, y nada tienen que hacer aquí los modelos comunicacionales, los derivados teóricos de la ingeniería de la información. Esto por un lado, pero si se entendiera la palabra "comunicación" en un sentido, digamos, más humanístico, como "comprensión"; bueno, entonces habría que decir que mucho menos. que lo que delimita el campo de la práctica psicoanalítica es algo que —y en sentido activo— nada tiene que ver con la comprensión. El analista no está ahí para comprender a su paciente. Si por fortuna se escucha decir a alguien que se está psicoanalizando y que su analista lo comprende; se puede estar seguro: ese análisis no funciona.

Decía que esta situación, este campo bien peculiar, no podría ser modelizado con ideas derivadas de la teoría de la comunicación. Estos nacieron de la preocupación de los ingenieros de que los aparatos que sirven de medios de comunicación (telégrafo, radio, teléfono, etc.) funcionen bien. Es decir, que el supuesto consiste en no interrogar lo que el emisor dice, sino en tratar de trasladar el informe, de transmitirlo, y de la manera más fidedigna posible, hasta el receptor del mensaje. A saber, el supuesto del modelo es que el emisor dice lo que quiere decir y que es bueno y bien útil que el receptor se entere del modo más perfecto posible de ese mismo, de lo que el emisor dice, y esto porque lo quiere decir. En este sentido, ¿no se podría afirmar que la vocación de la teoría de la comunicación, de la ingeniería de la información, es bien humanística? ¿No nos prometía ese señor llamado Mac Lugham, un mundo mejor a raíz de los inventos modernos de la información?

Comunicarse: eso puede ser bonito, e incluso, y a

veces, placentero. Tal a veces el campo maravilloso y tranquilo de la vida cotidiana, cuando de paseo en el monte alguien le dice a su mujer: "Oye, por qué no llevas este cántaro, y traes agua de la fuente para beber", y la mujer lleva el cántaro y lo devuelve con agua, mientras el señor juega con los niños en el suelo, y la fuente pertenece a una antigua construcción románica, de las que abundan en algunos hermosos pueblos de España. Pero todo eso poco tiene que ver con el psicoanálisis. En mi ejemplo, lo único que tendría que ver con el psicoanálisis es esa mención a lo antiguo, a la presencia de ruinas. Pero es claro, las ruinas no tienen nada que hacer con la comunicación. Lo que el psicoanalista escucha —y traza así el campo de su práctica— no es lo que el paciente quiere decir, sino aquello que en su palabra traiciona lo que casualmente no quiere en absoluto decir. Se puede simpatizar, comprender a las personas; pero el psicoanalista no trata con personas, sino con un cierto sujeto un tanto escabroso, pleno de meandros y que se llama: Inconsciente.

Resumen de A. Berenstein. Si se desea abrimos el diálogo y comenzamos a cambiar ideas. Yo quisiera señalar ciertos puntos, el ritmo del discurso escuchado; marcar las escansiones. Y hay que decirlo así para permanecer cerca de nuestro campo, el que tiene que ver con el escuchar psicoanalítico.

Masotta abrió su segunda conferencia refiriéndose al libro de Freud de 1900, La interpretación de los sueños. *Masotta se refiere en especial a la libre asociación y a la búsqueda de la significación, pero no en el referente, no en aquello a lo que la palabra remite como a su significado, sino a lo que ocurre en la cadena del discurso. El sujeto no sabe lo que dice o no dice lo que quiere decir, o cuando dice lo que quiere decir no sabe lo que está diciendo. No sabe que está diciendo algo que tiene que ver con la verdad en el momento mismo que se equivoca con las palabras, en el momento en que, y sin dejar de decir, no dice lo que quiere. No hace falta más para introducirse en la fórmula de Lacan:* "el inconsciente está estructurado como un lenguaje". *Se recuerda entonces el curso de Freud de Introducción al psicoanálisis para llamar la atención sobre el orden de los temas elegidos por Freud: los actos fallidos, los sueños, y finalmente la teoría sexual. Masotta retoma fundamentalmente el problema de los actos fallidos y los sueños para referirse al significante. Freud comienza por los fallidos, los de palabras en especial, cuando trata de probar la existencia del inconsciente. Mediante esos fallidos el sujeto puede decir lo que no quiere decir. Se señalan entonces cuatro puntos fundamentales en torno a esos fallidos: 1.º, que tienen sentido; 2.º, que tienen que ver con el deseo; 3.º, que tienen que ver con un movimiento de ocultamiento; y 4.º, que tienen que ver con la manera de aparición del deseo en la palabra. En cuanto a los sueños, la fórmula freudiana es fundamental: los sueños son una realización de deseos. Masotta suspende entonces la temática del deseo, para insistir de lleno en la cuestión del significante, a saber, en la palabra.*

El significante es un término que Freud no utilizó y que proviene de la lingüística saussureana. La definición de significante: que es la palabra misma. Las características señaladas: que toda palabra puede remitir a más de una significación, que importa de la palabra su aspecto sonoro, que hay una relación arbitraria entre la palabra y la cosa, entre la palabra y el significado.

Se hace referencia en seguida al voluminoso trabajo sobre El chiste y sus relaciones con el inconsciente, *y se insiste en el hecho de que el chiste es un fenómeno de palabras, o de juego con las palabras. La palabra permanece y el significado se desliza. El efecto de sentido producido con este juego de. las palabras es el chiste. Masotta señala en el chiste el modelo de toda* formación *del inconsciente: también el lapsus, el sueño, el olvido, los actos fallidos, el síntoma. Se hace entonces referencia al caso de Isabel de R. para mostrar en el síntoma un juego de palabras: la familia no camina, ella tampoco. He ahí su astasia-abaxia. Se recalca que en toda formación se expresa el deseo. Pero punto importante: el chiste no sólo es modelo de toda formación, sino que su operación, el significante, delimita el campo más propio de la práctica psicoanalítica, el de la relación del analista con el analizado. Sin duda que el chiste es modelo también de ese campo: no hay chiste sin otro que se ría, a saber, que es el otro el que sanciona el chiste como tal, por donde ese otro aparece como esencial a la palabra. Ello nos lleva en efecto a la relación analítica misma. Cuando escucho no escucho en efecto lo que el paciente quiere decir, sino lo que no quiere decir, lo que para nada quiere decir. Tal formulación poco tiene que ver con la teoría de la comunicación, ni con ninguna idea —por más humanística— de comprensión. Entre el psicoanalista y el psicoanalizado (el psicoanalizante, habría que decir) no está en juego nada del orden de la simpatía, de la comprensión. El concepto de comunicación poco nos ayudaría a entender qué es lo que está en juego en el psicoanálisis.*

Agradezco a Berenstein su excelente resumen. Pero al oírlo me di cuenta que en esta etapa de mi exposición la manera en que presenté las ideas ha sido un tanto perentoria, como dogmática. La afirmación por ejemplo de que la relación analítica no es una relación de comprensión, ni de comunicación. Afirmación un tanto grave. Es que la gente a menudo, y con buena voluntad, quiere practicar lo que llaman "psicoterapia". Y entonces se esfuerzan por comprender... ¿No hay gente acaso a quien le gusta... ser psicoterapizado... por la simpatía? No bromeo. Aquí está el punto, el que sella la diferencia y además toda idea de relación posi-

67

ble entre las psicoterapias, las psiquiatrías, etc., y el psicoanálisis. Como ven, mi dogmatismo tenía al menos un fin: alertar a ustedes, despertar la atención.

Pregunta. *Se entiende su intención de mostrar lo que a su entender constituye lo propio del psicoanálisis, y que no tendría nada que ver con lo que se llama comunicación. Pero entonces, ¿cómo es posible el decifre del significado de los síntomas? No me opongo a lo que usted dice, le pregunto. En el psicoanálisis los sueños y la libre asociación tienen un lugar capital. Pero como pasar desde ellos a la interpretación del psicoanalista. ¿No hay múltiples maneras de interpretar? Por lo demás, hay una pluralidad de casos, muchos tipos diferentes de neurosis y de neuróticos. ¿Qué es lo que ha pasado en cada caso?*

Pues si mal no entiendo, la pregunta sería: si no hay comunicación ni comprensión en el diálogo analítico, ¿en qué consiste la interpretación?

Pregunta. *Pero me gustaría completar lo que quería decir. ¿Qué garantía hay de que la interpretación que se hace, digamos, de los actos fallidos, de los datos de la libre asociación, es correcta? ¿Qué garantiza la corrección de la interpretación?*

Es que alguno quisiera comentar, o contestar estas preguntas. Ellas señalan dos vertientes: por un lado, y dada la crítica a la idea de comunicación, ¿qué significa interpretar? Y por otro, ¿quién garantiza la palabra del analista, su interpretación, ante el relato del paciente? La pregunta por la garantía de la interpretación me ha inspirado. Pero ayúdenme ustedes en mi trabajo de hoy, conducir a ustedes a las ideas de la teoría y a la práctica psicoanalítica. Vuelvan a lo que ya me han escuchado: que la pulsión no tiene objeto, que el significante no conduce sin más al significado, que el saber sobre la sexualidad está separado de la sexualidad. Y finalmente, que el sujeto en cuestión estará siempre demandando por consiguiente algo al analista: Saber.

Pero ocurre además que la gente siempre sabe de qué está hablando. Como aquel médico que una vez le contestó en tono molesto a Freud que la histeria era una enfermedad de mujeres, porque la palabra histeria provenía de "útero". Y usted, quien me pregunta, hace si se quiere una operación semejante: cuando nombra la palabra interpretación cree entender que la palabra le deja entender de qué está hablando, para salir de este atolladero bastaría que se invirtiera algo. El conflicto del sujeto es un nudo donde ni pulsión ni significante le sirven de garantía de nada, y él en verdad está bien neurótico a raíz de que nada quiere saber de esa falta de garantías. Cuando usted pregunta por la garantía de la interpretación, ¿de qué lado se coloca?

Quiero decir, que la interpretación, como palabra, se ubica en el interior de un campo donde un sujeto busca garantías. La pregunta por la garantía de la interpretación es entonces la pregunta misma de ese sujeto idéntico al neurótico que se encierra en su necesidad de pedir garantías. Al revés, de ninguna interpretación se podría decir que consistió o que dio con la verdad absoluta.

Lacan diría que la pregunta por la garantía es una pregunta de universitarios. O lo que es lo mismo, que pertenece al registro de las resistencias sabias al análisis. La pregunta por el criterio que da garantía de la interpretación no es una pregunta para ser contestada, sino para ser replanteada. En psicoanálisis se trabaja únicamente con palabras. ¿Pero quién podría dar garantía de que un significante conduce únicamente a un único significado? El psicoanálisis en verdad pone en aprieto al concepto jurídico (y por lo mismo, persecutorio) de garantía. Cuando el paciente busca la garantía demanda Saber sobre su deseo, intenta estabilizar ciertos lugares de sí mismo que la gente llama intimidad y que tienen que ver con el goce y el sexo. En psicoanálisis la garantía es lo que el paciente no podrá no pedir, y en este sentido tal pedido pertenece al campo de la *Transferencia*. Por lo demás, una teoría que denuncia a toda epistemología de objetos dados, es ella misma epistemología, en el momento de su práctica, de una episteme cuestionada.

Pero para contestarle a usted. No existe, en psicoanálisis, en relación a la interpretación, más criterio de verificación que comprobar si el análisis marcha o no. ¿Pero cómo Saber si un análisis funciona? Hay una manera: entender qué ocurre en la transferencia, la relación analítica por antonomasia. Dicho de otra manera: el criterio de verificación es que la relación analítica funcione, que marche hacia adelante, que se abra una historia, que el sujeto en cuestión pueda andar en la dirección de su deseo. Desde Franco a otros censores, ustedes saben, hay mucha gente que se preocupa en general para que la gente no tenga historia. Y yo me temo que quienes se ponen del lado de los amos son los mismos que temen por las garantías. El analista no le pide al paciente que sea serio en su decir. Sino al revés, que sea errático, que asocie libremente en fin...

Pregunta. *La respuesta me parece adecuada, sirve para ilustrar muchas cosas. Sin embargo mi pregunta no se dirigía tanto al lado, digamos, epistemológico de la verdad en sí, sino al lado terapéutico, a la capacidad de la interpretación de producir efectos terapéuticos. ¿En qué se garantiza el terapeuta? ¿En su propia experiencia? ¿De dónde surge la garantía de que, y si bien él sabe que no posee la verdad, tampoco ha de hacerle daño al paciente?*

Me parece haber ya comenzado a contestarle en la segunda parte de lo que acabo de decir. Pero se podría agregar que no hay por qué no pedirle, exigirle, ciertas cosas a aquél que se plantea en posición de analista. Bueno, con respecto a su formación, y además que él mismo se haya analizado. Pero no quiero hoy hablar de este punto, que es muy delicado, y podría generar ciertos errores...

Pregunta. *¿Pero no importa que el psicoanalista controle a sus pacientes con otro psicoanalista? La cuestión del control, el tiempo que ha controlado...*

Recién tratamos de introducirnos en algunas ideas básicas del campo del psicoanálisis, y estamos hablando de formación del analista, de controles, etc. Pero en fin, no es culpa nuestra. Quien se plantea un punto del campo psicoanalítico termina pronto planteándose el conjunto de sus cuestiones. Pero para hablar poco: digamos que la cuestión del "control" tiene en primerísimo lugar que ver con las "garantías". Si un psicoanalista fuera a buscar, al "controlar" a sus pacientes, la garantía...; en fin, ¿se dan cuenta ustedes lo que habría que pensar de ese psicoanalista? Lacan dice que el psicoanalista se debe a sí mismo... Es sólo después de haber reflexionado sobre este punto primero y capital que hay que plantearse la significación y la necesidad de los controles... Por lo demás, el término "control", ¿no es un tanto policial? Pero este punto es arduo. Confío que algún día podremos hablar de él.

Pregunta. *¿Qué se ha de pedir al psicoanalista en relación a su formación?*

Como decía Freud, no mucho que tenga que ver con la medicina. Mas bien con la lingüística, la lógica, la literatura, el estudio antropológico del mito...

Pregunta. *¿Pero la enfermedad no tiene nada que ver con la sociedad? ¿Qué de materias como sociología, economía, historia de la civilización?*

Otra persona. *Y yo añadiría la medicina (lo dice en tono burlón).*

Otra persona. *Sin embargo algo debe tener que ver el psicoanálisis con la medicina. He oído hablar aquí de enfermedades mentales...*

Berenstein. *Yo diría, para centralizar un poco el tema de la formación del analista, que en su pregunta hay una afirmación: que para ser psicoanalista hay que ser médico.*

La misma persona. *No. Yo asocio enfermedad a clínica. Enfermedad significa clínica y clínica significa saber un mínimo de medicina.*

Hay asociaciones peligrosas, que deben ser revisadas. La relación de la enfermedad mental con la lingüística no es obvia, la de la enfermedad mental con la medicina parece indiscutible. Como se sabe, Freud la discutió.

¿Pero no alienta que ya hablemos de este tipo de cuestiones? ¿Pero no es un poco prematuro? Sobre todo que, según me dicen, no hay aún analistas en Galicia. Pero está bien: sobre todo que hablemos... Y ello por una razón fundamental: porque al menos en un sentido (lo que digo no es una afirmación antiintelectual) no se hace un psicoanalista con libros. La trasmisión de la teoría supone en psicoanálisis el análisis del analista y su relación con otros analistas, lo que supone siempre una cierta trasmisión oral del saber. Esa trasmisión pertenece al discurso psicoanalítico.

Pregunta. *¿Cómo es que, si en todo acto que entran en relación dos individuos hay comunicación, cómo es que en psicoanálisis se puede plantear que no hay comunicación? No creo que ahí no haya comunicación. ¿Pero no será que en el acto analítico se ejerce una dominación por parte del analista sobre el analizado?*

La pregunta parece ingenua. Concedo que aclarar definitivamente lo que estaba en juego en lo que yo llamaba mis afirmaciones dogmáticas, puede no ser fácil. Tal vez pueda ayudar que en una disciplina teórica nunca se trabaja con objetos reales sino con conceptos. Cuando usted ve dos individuos juntos, ve ahí un objeto real: se comunican. Yo le preguntaría a usted en cambio qué entiende por comunicación, cómo la conceptualiza usted.

La misma persona. *Entiendo que la comunicación es un fenómeno objetivo, independiente de la interpretación que se dé a la situación. Aun, y si dos personas se encuentran y no hablan, si permanecen en silencio, hay la misma comunicación.*

Me gusta la idea de que el silencio sólo existe en un universo de palabras. De la misma manera que decía que no hay fetichismo entre los animales, agregaría que los animales no conocen el mismo tipo de silencio que nosotros. ¿Pero quién osaría decir que los animales ignoran el silencio? Del mismo modo, nunca dudé de que uno se comunica con su perro. Tal vez fue siguiendo a esta idea que un genio como Gregory Bateson se puso un día a estudiar delfines. Por lo demás, ¿no hay otro modo de comunicarse que mediante palabras? Ahí están los gestos. Sin embargo, observen ustedes, hay una diferencia de lógicas. Es cierto que se pueden cometer actos fallidos con gestos: sacudir la cabeza diciendo no cuando en verdad uno con cortesía debía haber contestado que sí. Pero no se puede asociar con gestos. En este sentido (pero esto llevaría un seminario entero), los gestos no son interpretables en el sentido psicoanalítico del término.

Pregunta. *Entre lo que mi compañero preguntaba y lo que usted Masotta contesta me parece ver una veta por donde se podría volver a plantear la cuestión. Parece claro que quien establece, en psicoanálisis, los patrones de comunicación, es el psicoanalista, recortándolos en parte, descalificando al individuo en su problemática. ¿Qué tipo de comunicación existe en este planteo que el psicoanalista le hace al psicoanalizado? ¿No se podrá hablar en este sentido de dominación, descalificadora?*

Otra persona. *Pienso que el problema queda señalado. El terapeuta está ahí, y el paciente ahí: ambos separados por una raya. En el medio, un espacio vacío. Es en ese espacio que la palabra garantía carece de sentido. ¿Qué garantía? Pero entonces la comunicación que pides no tiene sentido...*

Otra persona. *Al hacer ajeno el campo analítico de la problemática de la comunicación, sólo se pone un patrón de dominio sobre el analizado. Quien fija los criterios de comunicación es el analista. En el fondo lo que está en juego es la dominación del analizado por el psicoanalista.*

Tal teoría no es novedosa. Existe un teórico de la comunicación y terapeuta ingenioso, que la expone cada vez que le preguntan algo. Pero le explicaré a usted por qué el psicoanálisis nada tiene que ver con una lógica del poder. O mejor, y si tiene que ver, es porque el psicoanalista trabaja en contra de esa lógica. El poder, si se quiere, es el analizado quien lo otorga: parte de eso tiene que ver con lo que se llama *transferencia*. Pero en análisis la transferencia es lo que debe ser analizado, lo que hay que liquidar, disolver. Pero aun, ¿se ha reflexionado sobre qué cosa es el poder? En primer lugar todo poder se quiere central. Ustedes en España no lo ignoran. Pero en la situación analítica el psicoanalista se des-centra hacia el psicoanalizante, al que conduce, apoya, hacia su descentramiento. Le induce, lo repito, a que sea errático... le conduce para que pueda hablar de lo que generalmente calla, de los objetos múltiples, erráticos, de su deseo. Pero en segundo lugar, no hay poder sin relación del poder con el goce. Lo que en el poder queda prohibido es el goce del otro. Aunque es cierto que de cualquier manera el otro goza, masoquísticamente... Este punto es fundamental para entender qué es el psicoanálisis, puesto que el descubrimiento fundamental de Freud consiste en haber denunciado que la enfermedad es goce, goce masoquístico (autocastigo del histérico en el síntoma somántico de conversión). Pero en el discurso del poder, en la lógica del poder, este goce del otro queda ocultado. Prohibido y ocultado. Razón por la cual tanta gente ama a los amos. Pero además, el psicoanalista no prohíbe el goce. Pretende dejarle hablar, devolverle a la palabra, dejar que se muestre, en la experiencia analítica misma, su origen, su estructura, las condiciones de su formación. Por lo demás el psicoanálisis deja al goce sobre la tierra. Los amos lo prometen para pasado mañana, lo anudan al castigo y al látigo, lo permiten si uno se redime, si paga sus culpas. Como el psicoanálisis nada tiene que ver con todo esto, tal vez es por ello que haya tanta gente que nada quiere saber del psicoanálisis.

Otra persona. *Sería bueno dejar de lado el poder y comenzar a hablar de religión. ¿No es dogmática la contestación de Masotta? ¿No ha anulado Masotta la pregunta? La pregunta es irrelevante, sólo él está en posesión de la verdad de la teoría...*

Usted dice que mi respuesta ha sido dogmática y que ha excluido a la pregunta. Que he contestado que la pregunta no entraba en el campo psicoanalítico, y que al decirlo he convertido a la teoría en dogma, como en la religión. Me parece que todo esto no es cierto. Cierta práctica de la enseñanza me ha enseñado a permanecer atento a las operaciones que realizo mientras debo responder. En primer lugar yo no afirmé que no hubiera comunicación en general, sino que cuando median las palabras la relación debe ser conceptualizada de una manera que es ajena a los modelos comunicacionales. En tanto la persona de la audiencia (es lo que nos diferencia) no distingue entre objeto teórico y objeto real, ella siguió insistiendo en esta idea: la relación analítica es una relación de comunicación, y si es que el psicoanálisis lo niega, entonces sólo habrá que decir que la relación analítica es una relación de dominación. Hay ahí sólo entonces un amo y un esclavo. Contesté que no se podía homologar la posición del amo con la del psicoanalista: el discurso del amo es centralista, ignora el deseo, lo prohíbe, excluye el goce del otro; o bien, sólo lo incluye como panacea de la relación misma de dominación. Es el masoquismo. Para el psicoanalista el masoquismo no sólo es analizable, sino que debiera ser disuelto.

Otra persona. *Su última reflexión es interesante, aclara lo que tiene que ver con la relación amo-esclavo. ¿Pero no deja sin contestar por qué el psicoanálisis puede no ser una relación de comunicación?*

Tal vez resulte útil explicar las cosas de esta manera. Cuando se habla de comunicación, hay un vector que se origina en el *Emisor*, pasa por un *Mensaje*, y concluye en el *Receptor* (la dirección del movimiento se invierte luego). En la relación analítica quien emite el mensaje es el *Receptor*, al que Lacan llama *Otro*, con mayúsculas, y que no es Dios. Los mensajes que nosotros aparentemente emitimos según nuestra voluntad y nuestro querer, son para la teoría psicoanalítica Mensajes que se emiten *en* nosotros y que se originaron *en Otro lado*, en una estructura. ¿Recuerdan el catedrático del ejemplo que dice cerrar la sección en el momento en que va a inagurarla? ¿Quién emitía tal mensaje? El psicoanálisis contesta que ello es analizable, que remite al desmontamiento de una estructura, que en esa estructura está en juego el deseo, el goce... etc. Hay además unas diferencias de lógicas. Mediante palabras (fenómeno que Freud llamó *Verneinung*, denegación) se puede diciendo "no" afirmar el reconocimiento profundo de un deseo inconsciente. Pero piensen ustedes lo que podría ocurrir cuando en alta mar dos barcos se comunican con un código de banderas y se informara lo contrario de lo que se desea...

Una persona. *Todo ello no niega que en la situación analítica hay una situación de comunicación. Cuando se comunica algo que no se quería comunicar no se deja de comunicar. Las ondas sonoras de la voz se extienden y deben ser captadas por algún tipo de membrana: es la oreja del psicoanalista. Pero supongamos que en efecto, y por motivos teóricos, encontremos que la comunicación no es deseable en psicoanálisis. Sin embargo, y no por ello, la comunicación deja de existir.*

Hay en lo que usted dice un desplazamiento del lugar donde ponía yo en mis palabras la significación. Pero sea, esa relación de los efectos físicos sonoros con la membrana del tímpano constituye lo que los teóricos de la comunicación han conceptualizado como *Canal* o *Contacto*. Lo malo fue, para esos modelos, que cuando se puso el acento en el Canal se terminó creyendo que el mensaje sólo remitía al querer decir del emisor. Decía que el poder está incluido en el discurso analítico en la medida que la piedra de toque de ese discurso es la transferencia. Pero que en el análisis ésta deberá ser disuelta. Pero además, ¿qué entienden por poder? ¿Es seguro que no codifican ustedes el poder como opuesto a lo que podría ser el libre juego de las opiniones? Para ustedes, tal vez, lo otro del poder es el liberalismo. Lo malo es que se ignora así el concepto de inconsciente. Cuando en la Casa de los Comunes, en el Parlamento inglés, se contraponen opiniones, el sistema puede ser todo lo bueno que se quiera, según el gusto político de cada uno, pero el inconsciente en tal situación hace de convidado de piedra. Hay algo, ustedes saben, en el liberalismo, que debiera ser rechazado. Si no fuera así el marxismo no hubiera existido. Tal vez no se "libere" la verdad contraponiendo opiniones. Pero en el psicoanálisis es distinto : en tanto lo que está en juego es algo que tiene que ver con el deseo inconsciente, algo entonces que tiene que ver con la *verdad* del sujeto es lo que está en juego. No lo que el sujeto cree de sí, su opinión, sino lo que estructura su opinión...

Pregunta. (Inaudible).

Berenstein. *Lo que usted de alguna manera introduce ahora es la teoría de que la sociedad oprime a la persona y que por medio de la frustración produce los síntomas de la enfermedad. Y al mismo tiempo afirma una posición cercana a la antipsiquiatría de Laing.*

Esa cuestión del individuo en relación a las variantes e invariantes históricas, que usted ha introducido, y que seguramente cobra sentido en un modelo experimental de control de datos, sólo podría ser útil después de una multitud de precauciones. Intranquilícese usted: creo en efecto que en más de un aspecto la historia, entendida como cambio de los usos y presiones culturales, puede ser considerada como invariante cuando se trata del sujeto del que se ocupa el psicoanálisis. Sin embargo, y al revés, los individuos son efectos, hijos de su tiempo. Pero de época en época hay algo que se repite: se ama por ejemplo y según la época de distintas maneras, pero ninguna época ha resuelto las aporías del amor. Si la pulsión no tiene objeto es porque seguramente no lo tenía en la época de Sócrates y Alcibíades. Por lo mismo, la historia varía mientras que el deseo es invariante. Basta releer *El Banquete* para comprender que lo que ocurre ahí a nivel del deseo entre Sócrates y Alcibíades se parece en más de un punto a lo que se plantea en la situación psicoanalítica.

Todo lo cual no significa que afirme yo que el psicoanalista y su psicoanalizante puedan ubicarse fuera de la historia real. Confieso además que me gusta la tesis de Guatarí (co-autor de *El antiedipo*, libro que en cambio no me gusta), tesis que no sé si conocen y en la que se habla de una "transversalidad" del deseo; a saber, que el deseo muerde en los objetos que son los objetos de la historia, los conflictos sociales, las coyunturas políticas. ¿Pero no es suficiente por hoy?

IV

Vimos aparecer en Freud la idea fundamental de que *el chiste es modelo;* a saber, paradigma de toda formación. Es su operación, aquello que produce el chiste como resultado, lo que es paradigmático para Freud. La permanencia de la palabra y el deslizamiento del significado. Para que haya chiste el sentido debe pasar por un cierto estado peculiar, quedar obturado primero, para inmediatamente abrirse pero hacia una nueva dirección: primero extravío del sentido, y después sorpresa.

Pero agregábamos: el significante define el límite del campo mismo del pscioanálisis como práctica. Aquí quien habla no emite lo que dice: quien habla es el inconsciente. En el lapsus el sujeto recibe un mensaje que proviene de otro lugar (o del lugar del Otro); esas fallas del lenguaje constituyen en primer lugar para el psicoanalista las huellas de una pista que no hay que perder, la del deseo inconsciente. El emisor, dice Lacan, recibe del receptor el mensaje: pero aun, lo recibe en forma invertida. El catedrático de nuestro ejemplo pretendía querer abrir la sesión; el lapsus dejó escucha.̇ al revés que quería terminar de una vez con ella. Es preciso una oreja peculiar para seguir la pista de estos retorcimientos de la dirección del querer decir.

Habíamos evocado el orden de temas que Freud elige cuando quiere guiar a su audiencia hacia una *Intro-*

ducción al psicoanálisis. Primero el lapsus, el equívoco, el acto fallido: todos fenómenos de nuestra vida despierta. Pero inmediatamente, nuevo tema: el sueño. En el pasaje de un tema a otro emerge en la obra la muesca fundamental: el deseo. La fórmula freudiana de que el sueño es una realización de deseos se ubica sin duda en el fundamento del campo teórico y práctico del psicoanálisis. Que el sueño sea la realización del deseo no significa, nos dice, sino que el sueño es el guardián del dormir. O bien el deseo se realiza en la vida despierta a través de las fallas de la palabra, o bien se realiza en la pantalla del sueño, para permitir que el sujeto duerma. Se lo ve, debe haber algo doloroso en el deseo, inabordable para la conciencia despierta. El deseo no es la panacea de la conciencia.

Pero cuando aborda el estudio del sueño nos vemos pronto enfrentados con el significante. Gusta a Freud citar el ejemplo de Alejandro con sus ejércitos ante la ciudad de Tiro, quien tiene un sueño que pide a un intérprete que descifre. Alejandro había soñado con un Sátiro, y el intérprete le dice: *"¡Adelante, Alejandro, tu sueño quiere decir que tuya es Tiro (Ta Tiro)!"*. Mas en su afán didáctico Freud debe comenzar por mostrar que el sueño es en efecto una realización de deseos. Utiliza para probarlo, de la manera más económica, los sueños infantiles y los de privación. Se recuerda el ejemplo de la niña Ana Freud, a quien en la víspera se le había prohibido que cogiera cerezas y que en el sueño se come todas las cerezas. Freud cuenta también el ejemplo de otro niño que había visitado las montañas pero sin llegar hasta un lugar al que habría querido llegar; en el sueño el niño se ve ya en ese lugar. Lo mismo con los sueños de privación. ¿Con qué sueñan los exploradores del polo sino con todo aquello que no tienen, el calor suficiente, comida caliente y abundante, etcétera?

Sin embargo, teóricamente hablando, estos ejemplos eran peligrosos. Freud no deja de señalarlo. Sirven para mostrarnos bien rápidamente hasta qué punto los sueños realizan un deseo, pero son engañosos si quisiéramos aprender de ellos la estructura misma del deseo en cuestión. El deseo parece definirse en ellos por su objeto; lo que no ha sido alcanzado en lo real aparecerá conseguido en la pantalla alucinada del sueño. Que el sueño es una realización del deseo significaría que la privación real aparece en positivo o tal cual en el sueño. Ahora bien, hay que ponerse por lo menos de acuerdo en esto: el objeto del deseo no es jamás el objeto alucinado, así se trate de la pantalla del sueño o de la alucinación psicótica. Lo saben bien los psiquiatras cuando se topan con los productos frondosos de la alucinación delirante. Un delirio no es fácil de interrogar ni de interpretar. Por lo demás la alternativa o privación real o logro alucinado, conduce a un modelo teórico falso, incompleto. El error consiste en manejarse en dos registros y únicamente en dos; o hay realidad o hay imaginación. Pero ustedes han visto: el inconsciente tiene que ver con el lenguaje, con la estructura del significante, con la palabra. En un modelo correcto habría que hablar de tres registros, introducir el registro de la palabra y de lo simbólico.

Sólo en un campo teórico de tres registros es posible inscribir entonces la pregunta por el deseo. ¿Cómo comprender la frase freudiana según la cual el sueño es una realización del deseo?

Ante todo habría que recordar esta idea simple. En el sueño el deseo se realiza pero —como nos viene a decir Freud— sólo lo hace disfrazándose. A saber, que entre el deseo y el sueño como realización, median los disfraces. En el sueño todo queda desfigurado: los disfraces son funciones de la censura que el deseo debió atravesar. Por lo mismo, hay compuertas, pasajes, disfraces, mediación; es decir, la relación del deseo a su objeto en el sueño no es directa.

"Deseo beber un vaso de jugo de naranja" —pide un niño después de haber bebido dos vasos de agua y un jugo de limón—. En el deseo hay algo que falta, pero es una falta *excesiva*. Por ello los sistemas sociales nada quieren saber del deseo. Si los individuos afirman la falta mucho más allá del mínimo que necesitan, ¿a dónde se va a llegar a parar? El psicoanálisis plantea, en cambio, al deseo en primer lugar, promueve, si se quiere, tal exceso de la falta.

También podría decirse que el deseo es la insatisfacción como resto después del colmamiento de la necesidad. El deseo vive de su insatisfacción, resguarda esta extraña función: la función de la insatisfacción. Freud lo decía con todas las letras: ningún objeto coincide con el objeto que el sujeto busca. El deseo es como una lanzadera, que sigue tejiendo cuando al ojo le parecía que el trabajo estaba terminado. Esta relación profunda del deseo con la intisfacción liga el deseo a la labilidad del objeto de la pulsión.

Volvamos a nuestro interrogante. ¿Qué significa la frase freudiana según la cual en el sueño el deseo se realiza? Habría que contestar de esta manera: quiere decir que en el *sueño el deseo se articula*. A saber, que encuentra sus eslabones, se constituye en secuencia de representaciones. Por intermedio de la libre asociación el análisis descubre que el sueño contiene un conjunto de representaciones, de recuerdos, de vivencias relacionadas entre sí. Por lo mismo, que el deseo se articula en el sueño significa decir que en el sueño el inconsciente trabaja, recuerda las vivencias, las relaciona, y produce un resultado: el sueño. Decir que en el sueño el deseo se articula es lo mismo que decir que en el sueño el deseo se *elabora* (para usar esta vieja palabra conocida de psicoterapeutas y psicoanalistas). ¿Pero a qué se refieren ellos cuando dicen que el paciente "elabora"? Quieren significar la incorporación positiva del trabajo terapéutico, que el paciente por ejemplo es capaz ahora de situarse de manera distinta en relación a sus hijos, a su mujer. A saber: que puede *simbolizar* los conflictos en cambio de actuarlos con violencia, y también, que el paciente es capaz de rebajar su ansiedad. Cuando *elabora* el paciente puede *darse tiempo:* es lo que ocurre con el deseo en el sueño. En el sueño el deseo se da tiempo. De ahí el valor terapéutico positivo que a veces es posible reconocer al soñar. Un paciente depresivo ha venido a sesiones durante tres, cuatro meses, sin pronunciar palabra. Dice que no tiene nada que decir. Un día relata un sueño: sin duda hay que conceder a la aparición de ese sueño un carácter dinámico; algo ha comenzado a *elaborarse* en el paciente, algo que tiene que ver con su deseo inconsciente pasará ahora a la relación con el analista. Freud hablaba de *Traumarbeit*, de trabajo del sueño. Es el trabajo, la elaboración del deseo. El sueño es la jornada del deseo, el lugar de su producción y de su articulación.

El sueño es el lugar donde el deseo se elabora, se articula y se da tiempo; lo contrario de quien pensara que el objeto del deseo aparece en persona en la pantalla alucinada del sueño. En el sueño el deseo no obtiene a su objeto directamente, sino bien indirectamente: por *procuración, de sesgo,* por medio de *desvíos.* Procuración: quiere decir algo sencillo. Hay ahí una cesta y yo quiero alcanzarla. O bien, me pongo de pie y voy a buscarla. O bien le digo a mi madre, que está más cerca de ella, que me la alcance. Éste es el caso del deseo: que me *procuro* la cesta por medio de la ayuda de mi madre. Yo, mi madre, y entonces, recién la cesta. He ahí una *articulación,* una *cadena* de tres eslabones.

Pero existe un ejemplo inmejorable para hablar de la elaboración, la articulación, la procuración indirecta del objeto: los dibujos de un humorista norteamericano, cuyo nombre no me viene en este momento a la memoria, bien conocido y festejado por el público de su país allá por los años treinta. Sus dibujos eran inconfundibles, aparecían todas las semanas. Siempre se trataba de lo mismo, aunque los objetos de la articulación fueran distintas cada vez... Eran inventos de extrañas máquinas caseras construidas con el fin expreso de obtener cierto preciso resultado. Lo cómico consistía en que el objetivo buscado era siempre insignificante, mientras que la maquinaria resultaba complicadísima. El objetivo por ejemplo era pelar una naranja. Tal era el título de su dibujo del día: *"¿Cómo tener una naranja ya pelada en el momento mismo que usted entra a su casa?"* La idea, además, en la que algunos críticos entusiastas del humorista veían una sátira a la sociedad norteamericana, relacionaba, se lo ve, un fin estúpido con una exigencia de economía y ahorro. Se veía en el dibujito a una persona llegando a la casa y abriendo la puerta. Pero la puerta desde su lado interno, al abrirse aflojaba una cuerda que pasaba por un arandel en el techo, de tal manera que una jaula con su pajarraco descendía hasta la altura del suelo. Un gato saltaba entonces sobre el pájaro, pero poniendo en movimiento, mediante una cuerda atada a su cola, un gramófono, que a su turno movía un disco al que se había fijado un cuchillo: en cada vuelta cortaba éste la cáscara de una naranja fijada a distancia óptima. ¿No era cómico? Impresionaba en estos dibujos una cierta malignidad de fondo: siempre aparecía un animal ahullando, o furioso, al que se utilizaba y hacía sufrir. Con el sueño pasa algo semejante, y yo no diría que en el deseo subyace algún principio de bondad o de bien.

Por lo demás, en el análisis de los sueños, uno se encuentra como constante con ideas de culpa y de egoísmo. Al revés, ¿quién es, en el deseo, el animal utilizado, que ahulla?

Pero me gustaría sobrecargarlos a ustedes con un ejemplo más de esto que llamo yo *relación de procuración*. Es el caso de ciertos amores adolescentes. Se supone (bueno: un supuesto) que la actitud normal, como se dice, del adulto, en caso de un hombre interesado sexual y afectivamente en una mujer, que es capaz de afrontar a su objeto, acercarse a la mujer y decirle: "Oye, María, me gustas", o bien, y si el interés es aún más directo: "María, pues quiero que te vengas a la cama conmigo". Pero ocurre muchas veces que los adolescentes (por lo menos en mi época) resultan un poco más tímidos. El joven Juan está enamorado, se lo ha confesado a sí mismo, de María. ¿Qué hace entonces Juan? Descubre en primer lugar que cuanto más ama a María más tímido se pone si trata de abordarla. Decide entonces no decirle a María, sino hacerle saber, por intermedio de otros. Como sabe que María tiene una hermana, Cecilia, y que ésta una amiga, Luisa quien a su turno es bastante amiga de un amigo suyo, de Juan, quien se llama Pedro, comprende pronto cuál será la vía para hacerle llegar a María el conocimiento de su anhelo. Le dice entonces a Pedro que por favor le diga a Luisa, quien es amiga de Cecilia, que le diga a ésta que le diga a María, su hermana, que él, Juan, en fin, la ama... ¿Cómico, ridículo? ¿Pero no podría servir este ejemplo de modelo de cosas que efectivamente ocurren en otros fragmentos de la vida social? Y ello por una sencilla razón, que había sido vista por Hegel, de que lo social no es sino una red de deseos. Pero una observación más, aún, para conducir a ustedes un paso más hacia eso que hoy pretendo abrir: comenzar a pensar sobre qué cosa es el deseo. Supongamos que en nuestro ejemplo Pedro mismo, una de las personas que Juan usara como eslabón para hacer conecer a María sus anhelos, que Pedro mismo, digo, se encuentre él mismo más o menos oscuramente enamorado de María o interesado en ella. Y que de cualquier manera Pedro se presta al pedido de Juan. Y que además Juan no ignora lo que le está ocurriendo a Pedro. ¿No se podría decir que no es muy bondadoso por parte de Juan querer comprometer a Pedro en sus cuestiones con María? ¿No hay ahí como en el ejemplo de los dibujos humorísticos un animal que chilla? Pero además, ¿qué busca Pedro prestándose gustoso a ayudar a Juan? Todo esto es muy complicado, se lo ve. ¿Tendrá que ver, eso que llamamos deseo y que nos parece que pertenece a un individuo particular, con algo del tipo de una red de deseos? ¿Pero han leído ustedes a Stendhal? El novelista de la Cartuja de Parma sabía muy bien, como su maestro Laclos, que tratándose del deseo hay siempre una red de deseos. ¿Pero es siempre el otro, y jamás el sujeto, el animal que ahulla cuando está en juego el deseo?

En el sueño el deseo se inscribe, se realiza como una escritura, como una cadena de relaciones. Si yo quisiera hoy avanzar un paso con respecto a qué debe pensarse del deseo, debería decir además que esta inscripción, que esta articulación, que esta elaboración del deseo en el sueño, no existe tal vez sin su interpretación psicoanalítica. Abran ustedes cualquier libro de Freud y verán pronto cómo esa serie de inscripciones en qué consiste el sueño, no aparece sino a condición de ser interpretada. El análisis del sueño desanda el mismo camino que el "trabajo del sueño" había recorrido, pero no podríamos enterarnos de ese recorrido sin este nuevo trabajo de caminar el camino hacia atrás, hacia el deseo infantil...

La sociedad, enseñaba Hegel, en un conjunto de deseos deseándose mutuamente como deseos. Pero volvamos un instante a nuestro ejemplo. Al enterarse Juan de que Pedro anhela también llegar a mantener relaciones con María, ¿qué le puede ocurrir? ¿No podrá ocurrirle que el anhelo de María por Pedro le intensifique su propio deseo por María? Ahora bien, podrían ocurrirle muchas otras casos, pero lo que Freud y Lacan vinieron sin duda a decirnos, es que es esto último, exactamente, lo que *no puede dejar de ocurrir*. En definitiva: el deseo que en el sueño se articula es deseo que tiene que ver con el deseo del otro. El objeto del deseo siempre tiene que ver con el objeto del deseo del otro. Cuando se trata del deseo hay siempre "pluralidad de personas psíquicas", para decirlo con una frase que Freud usó una vez para referirse a la identificación histérica.

Tocamos ahora este punto, la relación del deseo con la histeria. Relación intrincada, estrecha, hasta el extremo que me parece debiéramos decir que sin el conocimiento psicoanalítico de la histeria jamás podríamos llegar a entrever qué es lo que es el deseo.

¿La histeria? La histérica en primer lugar es aquella quien no aborda jamás el objeto de frente, directamente. Lo busca, a veces infructuosamente, por procuración. De ahí que Freud haya querido titular su ensayo sobre el caso clínico conocido por el nombre de Dora ("Fragmento del análisis de un caso de histeria", 1905) de este modo: *La histeria y los sueños*. Es que tal vez existe una analogía profunda entre el sueño y la histeria. Antes y más allá de cualquier teoría de la personalidad, psiquiátrica o psicoterapéutica sobre la histeria (y todas coinciden en redundar sobre la teatralización, la seducción histérica), el problema fundamental de la histérica es que no puede determinar el objeto de su deseo. Es por ello que a veces el psicólogo o el terapeuta sucumbe a la tentación de presionar a la histérica para que "asuma", como se dice, el objeto sexual. Las histéricas, como se ha dicho, pueden resultar insoportables, recalcitrantes. Pero en psicoanálisis, y en cambio, no se trata de hacer que el paciente "asuma" nada. El concepto de "asunción" (que evoca además la elevación al cielo de la virgen, a saber, la promoción de la denegación de la castración) yo diría, no pertenece a las operaciones incluidas e interesantes para el psicoanálisis. La histérica, en primer lugar, como lo mostraron Lacan y sus discípulos (confróntese los apasionantes trabajos de Lucien Israel en Alsacia), merecería un elogio. Y en efecto, ¿no nos conduce ella a la idea de que no hay deseo sin laberintos?

A los datos de la clínica tradicional que insiste en la teatralización histérica, hay que comenzar agregando esta verdad de perogrullo: la histeria comienza cuando hay tres. Para jugar con el significante: la histérica tiene "pareja", es decir, que casi siempre es ella más un matrimonio, o una pareja de amantes, o un hombre y una mujer. Es lo primero que resalta cuando se lee el caso clínico de Dora. En efecto —y se lo comprueba a lo largo y en el desarrollo de la observación de Freud— el problema de Dora no es sólo con el señor K., y Freud tarda en comprenderlo, sino *también* y *simultáneamente* con la mujer de K. Su problema es con la pareja matrimonial, con ambos simultáneamente, y no con un único objeto, el señor K. únicamente o la señora de K. únicamente. La historia de este caso y su tratamiento psicoanalítico tiene seguramente una cierta relevancia en la historia de la doctrina. A Freud no le va bien con Dora, pero se trata de un fracaso positivo: queda ahí una enseñanza. Al comienzo del tratamiento Freud intenta inducir a Dora para que reconozca en el señor K. al objeto de su tendencia sexual; y bastante infructuosamente: es como si la relación no marchara. Al final del tratamiento Freud comienza a pensar de manera distinta, y le parece comprobar que más allá de los intereses libidinales de Dora por K existe una clara tendencia homosexual de Dora por la señora de K. Se lo comunica a la paciente, quien recibe la interpretación bastante friamente. Dora abandona el tratamiento. Lo que ocurría —y es Lacan quien nos guía en el enigma— es que el interés de Dora residía en la relación de los personajes de la pareja y no en los personajes. La líbido de la histérica atraviesa la relación del hombre y la mujer, y sólo se interesa en cada uno de ellos desde la perspectiva del interés del otro. El interés de Dora por K. no es otro sino el resultado de la identificación de Dora con la señora de K. El deseo de Dora por K es el deseo de la señora de K por su esposo. Lo mismo con lo que Freud interpretó como tendencia homosexual de Dora, el interés por la señora de K no es sino que Dora se hace anunciar por K ese objeto del deseo.

Durante la famosa escena del lago, el señor K, que

no dejaba de cortejar infructuosamente a Dora, le dice a Dora que ella, Dora, era todo para él. Y para ratificarle la confesión le agrega que en cambio su propia mujer "no era nada" para él. La reacción de Dora es sorprendente: premia con una bofetada, que surge con la espontaneidad y la rapidez de un latigazo, la cortesía y la declaración del amante. ¿Se comprende el sentido y el origen de la bofetada? Se diría que no es la mano de Dora quien la propina, sino a través de esa mano la estructura inconsciente en que la histérica está apresada. La bofetada es un mensaje: *"¿Qué puedes tú poder significar para mí, ya que todo lo que me interesaba en ti era el interés de tu esposa por ti. Pero casualmente, la condición de ese interés es que tu mujer fuera algo para ti?"* En resumen: si el hombre significa algo para la histérica es porque éste se sitúa en el circuito del interés de la otra mujer. Pero la condición de ese circuito, es que la otra mujer sea deseada por el hombre.

Es interesante: el acceso al objeto del deseo es otorgado por un tercero. El objeto es el objeto del deseo del tercero. Con respecto a este tenor existe un artículo de Freud que evoca el caso de ciertos sujetos masculinos que únicamente pueden sostener el deseo sexual por mujeres cuando éstas se hayan ya comprometidas con otro sujeto masculino, marido, amante, lo que fuera. Se trata del artículo "Sobre un tipo especial de elección de objeto en el hombre" (1910). Freud señala que la intención de tales sujetos no es otra que, sobre el modelo de la hostilidad edípica al padre, ocasionar un perjuicio al tercer hombre en cuestión. Ejemplo interesante, puesto que tal "perjuicio del tercero" señala algo que se sitúa claramente en la línea de nuestrtas reflexiones. Tales tipos de sujetos masculinos, se lo adivina, permanecerían indiferentes en una isla desierta ante un sujeto del sexo opuesto. Debiéramos poner otro hombre en la isla para que algo del orden del deseo por la mujer comenzara a despertarse en el sujeto en cuestión. Recuerdo ahora el caso de un esquizofrénico que pude entrevistar en un hospital de Buenos Aires y quien durante años sólo se interesaba por las mujeres que habían tenido algo que ver con un amigo suyo, y únicamente con ese amigo.

Decir entonces que el objeto es una tendencia en sesgo, oblícua, que no aborda al objeto directamente, es referirse también a la estructura de la pulsión, la que, y por definición —machacábamos— no asegura de nada con respecto al objeto. En este sentido que el tercero deseante sea quien da el acceso al objeto (Dora desea a K únicamente en la medida que K es el objeto del deseo de la señora de K —al menos es su creencia—), significa que tal obliguidad del deseo cumple una función: ayuda a la estabilización del sujeto de la pulsión. Pero en verdad, es como si la estructura fuera de mal en peor. De la labilidad del objeto de la pulsión hemos pasado a esa insatisfacción fundamental que define todo deseo humano. Pero esa insatisfacción es fundamental, hace de resguardo de la función de la falta.

Otro ejemplo freudiano nos ayudará a comentar lo mismo, verlo de acuerdo a distintas implicaciones, desde distintos puntos de vista, en distintos niveles. Es el ejemplo de Freud que ustedes podrán encontrar en el capítulo IV de *La Interpretación de los sueños* y que Lacan ha titulado "la hermosa carnicera". Lo que está en juego en ese texto de no más de dos páginas, puede parecer enredado; pero sólo porque lo que está en juego es el deseo de esta histérica que Freud pone como ejemplo de esas pacientes que pretenden contradecir su teoría. ¿Es que usted dice, Freud, que el sueño es una realización de deseos? Pues bien, yo le contaré un sueño en el que casualmente mi deseo se veía incumplido. La mujer había soñado en efecto:

"Quiero dar una comida, pero no dispongo sino de un poco de salmón ahumado. Pienso en salir para comprar lo necesario, pero recuerdo que es domingo y que las tiendas están cerradas. Intento luego telefonear a algunos proveedores, y resulta que el teléfono no funciona. De este modo, tengo que renunciar al deseo de dar una comida".

Freud le contesta en primer lugar que necesita más datos, invita de alguna manera a que la paciente asocie. Se lo verá: ¿cuáles son en este sueño los trazados de la *procuración* del objeto? El matrimonio tiene una mujer amiga, delgada, una flaca fea, se podría decir exactamente el tipo contrario de mujer que agrada al marido, este carnicero para quien ella, mujer digamos de carnes suficientes, es el tipo ideal. Pero para comenzar tienen ustedes ya el triángulo: la histérica, el hombre (en este caso su propio marido) y la tercera. El primer análisis de Freud muestra a la paciente que el sentido de su sueño seguía la dirección de sus celos. No dar la comida era la manera de asegurarse de que su amiga no engordase, para no correr el peligro de que le gustase a su marido.

Pero la interpretación que Freud hace de este sueño —que les recomiendo que lean ustedes meticulosamente, más de una vez— se mantiene en más de un nivel de análisis. Como si el sueño fuera no solamente una escritura, sino la superposición de más de una escritura (leer al respecto el breve trabajo traducido al español con el título de "El block maravilloso").

Pero aun, en el relato de la paciente aparece algo digno de llamar la atención. Bromeando la paciente le decía siempre a su marido que a ella le gusta muchísimo el caviar; pero le hace al mismo tiempo la salvedad, de que por favor, no le compre caviar. Esto para un marido que hubiera satisfecho inmediatamente cualquiera de sus caprichos. "*Observo además* —escribe Freud— *que mi paciente se ve obligada a crearse en la vida un deseo insatisfecho*" (Obras completas, I, 330).

Pero la paciente recuerda además una anécdota referida a su propio marido, que si no queda suficientemente analizada en el texto, Freud no ha dejado en cambio de indicar. El marido le había contado a la mujer que en el café un pintor había querido retratarle, que le había dicho que jamás había conocido cabeza más expresiva. Pero el marido había contestado que seguramente un trozo de trasero de mujer le habría de resultar más agradable de pintar que toda su cabeza.

¿Pero cual es la conexión? La histérica, que de alguna manera sin saberlo sabe que el deseo no se define por la satisfacción (sobre todo ésta, que pretendía que el marido le dejase un deseo, el caviar, sin satisfacer), ¿qué podía escuchar en la anécdota del pintor sino que también su marido, y de alguna manera, sabía también él sin saberlo con qué estofa está hecho el deseo? Se ve entonces por qué desvío surgen los celos hacia su magra y fea amiga: ella debería ocupar algún lugar en el deseo de su marido, puesto que por el tipo no era la que podía satisfacerle. Y aun, y más allá de los celos (el final del breve texto de Freud es apasionante) la hermosa carnicera se identifica a la amiga: *"Para ocupar el lugar que aquella ocuparía en la estima de su marido"*. Pero es suficiente. Lo que está en juego en este ejemplo difícil es la relación de la tendencia sexual al Saber. Propiamente hablando, la histérica poco sabe del objeto de su tendencia. ¿Qué es ser una mujer? ¿Si la hermosa carnicera se identifica a la amiga, ella que sabe que de alguna manera su marido sabe qué es el deseo (algo que no tiene que ver con el objeto satisfactorio), no es sino porque es la otra mujer la que debe saber? ¿Qué? Bien, qué es una mujer, lo que ella no sabe. De ahí la radical seducción de la "hermosa" en cuestión por su magra amiga... Pero ustedes encontrarán un comentario de este ejemplo en las páginas 142-148 de mi *Introducción a la lectura de Jacques*

Lacan (en la edición Corregidor, 1974). Asimismo pueden referirse ustedes a los lugares de la obra de Lacan a las que mi texto remite. Finalmente, insisto, se debe leer con cuidado y más de una vez el hermoso texto freudiano de la hermosa carnicera...

V

De acuerdo al orden de los temas que figuran en el programa [1] debería ahora hablar sobre psicoanálisis y medicina, o mejor sobre el Saber médico y el Saber en el interior del discurso psicoanalítico. No abundaré mucho en el tema, ¿pero no es más o menos obvio, como señala Lacan, que tratándose del deseo los poetan están mejor preparados que aquel que fue formado en las disciplinas médicas? Pero prefiero soslayar el punto y promover simultáneamente un argumento de autoridad. Consulten ustedes algo de lo que el mismo Freud pensaba sobre este punto:

"Sobre la enseñanza del psicoanálisis en la Universidad (1919) (Obras Completas, Tomo III, 1968, página 994).

"El psicoanálisis *silvestre*" (1910) (Obras Completas, I, 1948, p. 315).

"Psicoanálisis y psiquiatría", en *Introducción al Psicoanálisis* (1916-1917) (Obras Completas, I, p. 183).

"Los sueños" (1901) (Obras Completas, I, p. 231).

"Análisis profano" (1926) (Obras Completas, II, página 750).

También pueden ustedes consultar la intervención de Jacques Lacan en la mesa redonda organizada por el Colegio de Medicina en la Salpêtrière el 16 de febre-

---

1. Ver prólogo.

ro de 1966, publicada con mimeógrafo bajo título de "Psychanalyse et Medecine".

Para no soslayar completamente la cuestión diremos que hay un Saber médico, el que se aplica, es obvio, a los objetos de su campo, mientras que en psicoanálisis es el lugar mismo del Saber de lo que se trata. En el sujeto llamado "paciente" está en juego una relación del goce, el deseo y la pulsión, con los objetos de su Saber. Sería un mal médico quien ignorara la evolución y el tratamiento de ciertos males determinados; pero sería un pésimo psicoanalista quien pretendiera Saber sobre esos objetos de los cuales el paciente pretende ya Saber (en el sentido de la función), mientras que le son enigmáticos.

Pero podría abordarse este punto por un lado más sencillo. En la medida que se trata del deseo y del goce, lo que en el campo de la teoría psicoanalítica está en juego es el cuerpo del sujeto. Pero este cuerpo, hecho de superficies y bordes, poco tiene que ver con el cuerpo orgánico y anatómico del que se ocupa la medicina. Se podría decir que en un caso el Saber reúne al médico con sus objetos, mientras que en el otro el psicoanalista debe evitar que el objeto no se le adhiera al Saber. Podríamos llamar cuerpo erógeno a ese cuerpo que puede gozar ignorando que goza o que puede lograr el goce como certidumbre sin dejar de ignorar la génesis y la estructura de esa certidumbre y de ese goce. Cuerpo erógeno: selectivo, hecho de bordes. El psicoanálisis nos dice al respecto que ese cuerpo es el resultado de un *learning* (para decirlo con una palabra que carece de alcance en psicoanálisis): en tanto cuerpo erógeno se originó en el contacto con el cuerpo de la madre.

Hablar de Complejo de Edipo en la teoría psicoanalítica significa entonces referirse a las relaciones más tempranas del niño con el objeto primordial, la madre, al valor "sexophoro" de los primeros ciudadanos maternales. La teoría de Freud mostró en primer lugar la fuerza de una primera seducción inevitable, la ejercida por la madre. Freud llamó desarrollo de la líbido a las consecuencias de la historia de esa relación de amor del niño y la madre. Pero aun —y he aquí la verdadera originalidad de la doctrina— Freud señalaría el aspecto gravemente conflictual que inaugura ese desarrollo.

La teoría del desarrollo de la líbido, la teoría de las "etapas" (oral, anal, etc.) es la historia de la sexualización del cuerpo en un mal lugar (está bien decirlo así). Si el cuerpo se erogeniza es porque extrae en primer término su sexualidad de su contacto con el cuerpo de la madre: lo hace entonces en un mal lugar (el único posible por lo demás), ya que casualmente ahí en la primera infancia aprende los duros y claros esbozos de lo que será su capacidad sexual con aquellos que, y de manera puntual, esa sexualidad le estará prohibida.

La idea freudiana del desarrollo libidinal es una peculiar teoría del aprendizaje, que nada tiene que ver con ningún conductismo, puesto que la teoría contiene en sí misma los conceptos capaces de explicar las "fijaciones", las detenciones del desarrollo, las "regresiones". Pero peculiaridad fundamental además de este aprendizaje: con quienes se aprende es con quienes no podrá lo aprendido ser utilizado. El lugar edípico de las relaciones del sujeto infantil con sus padres es el sitio donde incidirá ese impedimento de hecho que se llama prohibición del incesto.

La prohibición del incesto, constitutiva de toda sociedad humana (a nivel de sus normas o sus leyes, se sabe, no hay sociedad permisiva al respecto) es causa estructurante del cuerpo erógeno, a saber, de un conflicto de base que se construye sobre el filo de una trasgresión, la que define ese tipo especial de aprendizaje por donde el cuerpo se inviste de sexualidad.

En su desarrollo, en su crecimiento, el sujeto deberá elaborar ese conflicto fundamental, ese nudo que no se desata, y que en el mismo sentido no puede ser del todo superado. Tratándose del desarrollo del sujeto —de los hitos que constituyeron su erogenización como cuerpo y como sujeto—, toda "superación" podría ser peligrosa: si el sujeto ha de ser un ser sexuado lo aprendido en el conflicto del acceso al sexo con su prohibición deberá ser conservado. Al revés, el sujeto deberá desprenderse del lugar del aprendizaje, a saber, de la madre, deberá perder ese cuerpo de referencia primero: hay ahí un *corte* necesario. Pero se ve que el nacimiento en sí mismo, la separación del útero materno, poco tiene que ver con tal corte. El nacimiento puede en el discurso teórico simbolizar el corte, pero no lo representa. Ese corte, que aísla al sujeto de lo aprendido, pero no en el vientre de la madre sino en el cuerpo también erogenizado de la madre, toca, por decirlo así, los fundamentos de la estructura del sujeto: si la prohibición del incesto no incidiera sobre los datos del aprendizaje sexual, si no "marcara" al cuerpo erógeno del sujeto, podría ocurrir hasta la ruina completa de su historia de ser sexuado. Pero dados los datos de partida de ese aspecto conflictual constitutivo, Freud dirá que la neurosis es la cosa mejor repartida del mundo. Anticipemos desde ya el nombre con que en la teoría se ha bautizado dicho corte: es la castración. Llamaremos en adelante "castración simbólica" a la función positiva del corte.

Cuando Freud refiere casos de impotencia en el hombre muestra cómo resultan de esta incrustación de la prohibición del incesto en el aprendizaje de la sexualidad en el cuerpo también erógeno de la madre. Algo no ha sido elaborado en el conflicto original y el comportamiento sexual masculino se torna improbable. Freud señala también hasta qué punto también la impotencia en el hombre está mejor repartida de lo que generalmente se cree, y que al menos alguna o en algunas, por pocas, oportunidades, todo hombre ha sido impotente. Es que la líbido en el sujeto masculino debe atravesar una compuerta que repentinamente puede no abrirse. El hombre debe darse sus objetos sexuales sobre el modelo del objeto primordial, la madre, pero para eso debe poder transgredir lo que encuentre del modelo en la mujer. Hay hombres en que se ve claro hasta qué punto eligen a la mujer sobre el modelo de la madre, pero la clínica descubre que cuando han debido abordarla sexualmente se han visto físicamente paralizados.

En esta perspectiva el Complejo de Edipo no es más que esa encrucijada, una especie de nudo borrowiano donde la prohibición es condición de la erogenización y el sexo algo así como la repetición de la trasgresión realizada ya en el punto de partida.

Resumen de A. Berenstein. *Coincidió el punto de partida con el punto de llegada de ayer, la cuestión del chiste y sus consecuencias, por decir así, la importancia teórica y práctica del chiste. El chiste aparece como modelo de las formaciones del inconciente, el síntoma, el sueño, el lapsus, el olvido, el acto fallido.*

Pero aún, y desde el punto de vista del campo de la práctica psicoanalítica, el chiste es el modelo mismo de la palabra en la función del análisis. Se afirmó que este modelo —el campo o la situación psicoanalítica— poco tenía que ver con los modelos comunicacionales o informacionales, donde está en juego una relación unidireccional, digamos, normal, entre el emisor del mensaje y su receptor.

Masotta se refirió al sueño y su estrecha relación con el significante para evocar la fórmula de Freud según la cual el sueño es una realización de deseos. Se recordó la relación entre el deseo en el sueño y que el sueño funciona como guardián del dormir, se tomó el ejemplo de los sueños infantiles y los sueños de privación. Pero estos últimos pueden inducir opiniones equivocadas, la idea de que el deseo se define por la clara determinación de su objeto. Y aun, la idea también equivocada de que el objeto del deseo es alcanzado en la pantalla alucinada del sueño. Lo que no se obtiene en la realidad se lo consigue en lo imaginario alucinado del sueño. Nada más alejado de la concepción freudiana del deseo. Había en primer lugar que volver a la pulsión: de la misma manera que no "da" el objeto, el deseo debe ser distinguido de la necesidad. En la pulsión no hay relación dada, necesaria con el objeto, mientras que en la necesidad el objeto está duramente determinado. Para el hambre no hay más salida que el alimento. Pero por lo mismo, los sueños de los exploradores en el polo no darían cuenta de lo que juega en el corazón del deseo.

¿Pero cómo entender que el sueño es una realización de deseos? Las respuestas fueron: decir que en el sueño el deseo se realiza es decir que en el sueño el deseo se articula. Articulación significa, por lo demás, elaboración. Que el deseo se elabora en el sueño significa que en el proceso onírico se ha introducido el tiempo. Pero no el tiempo tal vez muy breve del soñar, sino el tiempo supuesto por el trabajo del sueño. El deseo se da tiempo en el sueño, lo cual viene a contrariar la creencia de que el objeto, en la alucinación onírica, se entrega de inmediato. Pero el tiempo en cuestión (punto difícil) parece ser correlativo a la interpretación psicoanalítica del sueño. En un sentido no hay trabajo onírico sin ese trabajo de descifre llevado a cabo en la situación psicoanalítica y en la transferencia.

En su segunda conferencia Masotta apuntó una diferencia con respecto al lugar del Saber en el discurso médico y en el discurso psicoanalítico. El saber médico —si no de hecho, al menos de derecho— sustenta y detenta conocimiento sobre el cuerpo anatómico y orgánico. En el discurso psicoanalítico cambia el objeto, y al mismo tiempo se pone en tela de juicio la relación del Saber a ese objeto. El objeto del psicoanálisis es un sujeto apresado en su cuerpo erógeno.

La erogenización del cuerpo tiene prehistoria, ori-

*gen, desarrollo e historia. Los primeros cuidados que
el amor de la madre ejerce sobre el cuerpo del niño se
sitúan en el origen y en el fundamento del cuerpo como
ser sexuado. Pero ese origen es el comienzo de un conflicto que de algún modo permanecerá irresuelto, conflicto que al mismo tiempo exige resolución. Hay ahí
un nudo. El cuerpo se erogeniza en un mal lugar. Aprende todo lo que tiene o tendrá que ver con la sexualidad
en el lugar de sus contactos con el cuerpo también erogenizado de la madre. Esa relación con la madre, por
donde habrá sexo, es una relación profundamente prohibida. Aquí la prohibición del incesto, que es ley an-
tropológica absoluta ya que no existen sociedades donde de alguna manera la mujer del endogrupo no está
prohibida, es el lugar donde la ley social se internaliza
y se torna Eros.*

*Pero en la medida en que la prohibición del incesto
es estructurante del cuerpo erógeno, surge la cuestión
del corte. El sujeto deberá recuperar lo positivo de
aquella relación para darse un destino de ser sexuado. Pero ese movimiento de retención de lo aprendido
debe ser simultáneo de un acto de desprendimiento.
El ejemplo de la impotencia en el hombre indica lo aza-
roso, arduo de ese corte. La madre es sostenida en la
fantasía para apuntalar el acceso a la mujer. Pero
cuando el sujeto masculino se apresta a ese acceso surge el fantasma de la madre y el incesto como prohibición. El sujeto queda paralizado. Quiere decir que la
historia del sujeto como ser sexuado tiene profundamente que ver con esta Ley universal. Por el desvío de
la Ley social nos vemos conducidos a la determinante
que para la teoría psicoanalítica está en el fundamento:
el Complejo de Edipo.*

Pregunta. *Masotta entiende —creo entender— que
nunca hay referencia a cosas, que sólo hay significante
y falta de objeto. Pero entonces yo preguntaría por la
relación del discurso psicoanalítico con la represión*

y los mecanismos represivos de que la sociedad hace uso. Me refería al decir "cosas" a los objetos sociales. ¿Por qué razón habremos de preferir la visión lacaniana de Freud, en cambio, por ejemplo, del discurso de Reich, o de los intentos modernos de vincular el psicoanálisis con el marxismo?

Otra persona. *Si como usted dice el psicoanálisis poco tiene que ver con la idea de asumir cosas, con la idea de asunsión, ¿cómo se ponen en juego, son atrapados, en la cura psicoanalítica, los efectos de la represión?*

Con respecto a términos como asunsión, asumir, diré que tienen que ver más con teorías o disciplinas de la conciencia. Sugieren la idea de hacerse cargo de algo por medio de la voluntad conciente. Por lo mismo, la idea de "asumir" pone en juego ciertas postulaciones éticas. Las pone en juego de entrada. Las operaciones de la práctica psicoanalítica también están entrelazadas, comprometidas con la ética. Pero no la ponen en juego de entrada, en el sentido que no es la conciencia lo que va a estar en juego, sino el inconsciente. El postulado ético primero donde se funda la ética en psicoanálisis es una invocación al *"buen decir"*. Pero decir bien, aquí, no significa sino zafar las palabras del peso de la conciencia: es lo que se llama libre asociación.

Volvamos a la historia de la evolución en Freud de la construcción de la teoría. Se podría decir que al comienzo Freud creyó que la cura consistiría en hacer pasar lo inconciente a lo consciente. Freud descubre que en el pasado existía un acontecimiento enterrado, cargado libidinalmente, preñado de culpa; a saber, un contenido sexual separado de su verbalización. Recordar, entonces, era abreaccionar, una catarsis por medio de las palabras. Una representación que pertenecía al inconsciente era ligada a la palabra correspondiente,

104

y el efecto de cura no debería hacerse esperar. Pero ocurrió que tal idea de la cura no funcionaba demasiado bien. No bastaba con "asumir" mediante la verbalización el acontecimiento del pasado. No era seguro que el tratamiento consistiría en hacer pasar lo inconsciente a lo conciente. O lo que es lo mismo: pescar en las aguas del inconsciente era algo más que llegar a conocer los peces que habitaban un elemento turbio.

Hay una frase de Freud de cuya interpretación depende la idea que uno se puede hacer del psicoanálisis, sobre la cual Lacan vuelve una y otra vez en su enseñanza y sus escritos. Es la famosa: "*Wo es war, soll ich werden*", cuya traducción literal, groseramente hablando, sería: "donde eso fue debe el Yo llegar a ser". Se interpretó entonces que para Freud se trataba simplemente de substituir el Ello (lo prototípico del inconsciente, una zona, para esta interpretación, de desorden pulsional...) por el Yo, a saber, por este principio de orden, por esta zona "libre de conflictos" (para usar la frase de Hartmann, Kris et alia). El yo debe devenir yo consciente para substituir las oscuras pulsiones del Ello. Tal interpretación podría figurar, sin duda, en el frontispicio de las ideologías modernas adaptacionistas más reaccionarias.

La interpretación lacaniana es radicalmente diferente. Freud vino a decirnos con la frase que ahí donde el sujeto estaba escindido (labilidad del objeto de la pulsión, laberintos del deseo, castración, estructura del significante), es ahí mismo hacia donde *es deber* del sujeto dirigirse; a saber, hacia el reconocimiento de la *Spaltung*, la escisión o escisiones constitutivas. Dicho de otra manera: ahí donde el sujeto era escisión del Saber y la verdad, es ahí mismo que el sujeto debe dirigirse, ahí donde la pulsión no otorgaba el Saber del objeto. Y aún de esta otra manera: que lo que está en juego es la experiencia de ese descentramiento del sujeto con respecto a lo que cree Saber, es decir, una cierta experiencia del inconsciente.

Pero entonces el psicoanálisis se aplica sobre la estructura del sujeto, es decir, sobre el lugar que el Saber ocupa en esa estructura, y no opera en cambio (al menos no únicamente) sobre el contenido inconsciente de las representaciones. "*Ha muerto mi padre* —se escucha decir— *y sólo después de años he podido asumir esa muerte*". Sí, tal vez pudo haberla asumido mucho, a esa muerte, la que casualmente no tiene poco que ver con ese Saber del que hablamos; pero habrá siempre que averiguar si esa muerte ha pasado realmente por ciertas fases, difíciles de definir, pero que tienen que ver con la castración, fases a través de las cuales habría sido posible (probable) una determinada, individualísima, experiencia del inconsciente. Una "vivencia" de eso: de que no se quiere Saber nada que el Saber es control patógeno de la estructura de la pulsión, de lo indomable del deseo. No se trata entonces de "asumir", se trata de operaciones de resguardo de la falta.

Pregunta. *Esta experiencia de la que usted habla, la de la escisión del sujeto y del Saber, ¿está relacionada, por así decirlo, con la elaboración?*

Eso que en la vida de todos los días los terapeutas llaman "elaboración", puede no tener que ver con la actitud del paciente frente a la interpretación. Se dice que un paciente "elabora" porque acepta las interpretaciones, porque la relación analítica se torna menos tormentosa de lo que había sido al comienzo, y porque el paciente "cambia": ahora ha decidido casarse, por ejemplo. Hay que tener cuidado con esta manera de pensar. La elaboración de la situación analítica puede no tener que ver con la interpretación. Se puede analizar, y un análisis puede así funcionar bastante bien, interpretando bastante poco. En el límite se podría aceptar la idea de que es posible analizar sin interpretar.

En el análisis el silencio del analista cobra una dimensión difícil de minimizar.

Pregunta. *Si el objeto de la relación edípica es dado por procuración y no directamente, si el niño desea a la madre en tanto y en cuanto la madre es el objeto del deseo del padre, ¿en qué consistiría la estructura edípica en un niño que vivió o bien con su madre o bien con su padre, pero con exclusión del otro; con un niño, por ejemplo, que no ha conocido al padre y jamás vivió con él?*

Percibo en su pregunta un realismo bien ingenuo. En efecto, el modelo del que he hablado no está hecho ni sirve sino para tratar de entender los casos de su ejemplo. Tenemos por ejemplo al niño Leonardo da Vinci, hijo de un notario y de una campesina. Después de nacido, el padre abandona a la madre, y Leonardo crece junto a su madre. Cuando a los cinco años Leonardo vuelve a reencontrar a su padre, ya está todo decidido, dice Freud; a saber, el motivo fundamental de su elección de objeto homosexual.

Otra persona. *Debe usted contestar aún sobre Freud, Reich, Lacan...*

En efecto, a ello iba. Pero es difícil aclarar muy rápidamente la pregunta, puesto que evoca muchas cosas. Si distinguiéramos distintos niveles, diferentes parámetros problemáticos, haríamos mejor que contestar en cambio sin más a una preocupación que pone todo en juego al mismo tiempo, sociedad, política y psicoanálisis. Está por una parte el problema de las distintas tendencias psicoanalíticas, y la política sólo institucional, que cada uno lleva a cabo en relación o contra las otras. Cierta lucha, por ejemplo, más o menos sorda de las instituciones que pertenecen a la Internacional contra los lacanianos. Está el problema de que cada teoría se define en relación a las instituciones sociales. El problema de la incidencia del psicoanálisis como institución en las distintas instituciones sociales, la escuela, los hospitales, y aun, hasta las cárceles. Está en juego el problema que planteaba Reich, el de la relación del psicoanálisis con la *"represión"* social de la sexualidad, su incidencia en las instituciones que la sociedad crea para ordenar y controlar la sexualidad.

Con respecto a Reich habría que decir en primer lugar, y desgraciadamente, que cuando afirma la necesidad de una política sexual y se separa de Freud, sólo lo hace a condición de negar ciertos fundamentos básicos de la teoría freudiana, y de equivocar otros. Se sabe: teóricamente hablando, Reich estaba profundamente equivocado, y con los años su teoría derivaría en un energeticismo delirante ajeno por completo al freudismo. Su libro sobre el orgasmo es interesante, pero muestra hasta qué punto Reich confundía líbido con genitalidad. Toda su teoría había derivado del concepto freudiano de "neurosis actuales", con el que Freud, al comienzo del desarrollo de su pensamiento, subsumió los males de la neurastenia, los dolores de la hipocondría. Freud encontró que estas sintomatologías por momentos difusas o frondosas, tenían que ver directamente con causas sexuales reales, actuales: la masturbación, el coito interruptus. Pero jamás dejó de distinguir entre esas neurosis "actuales" y lo que llamó *psiconeurosis*, cuya etiología remitía en primer lugar al pasado, y en segundo lugar obligaba a refinar los conceptos teóricos, particularmente los de pulsión, líbido, y también, los que definen los accidentes de la situación psicoanalítica: resistencia, transferencia. Reich creyó que la verdad, lo útil, o lo que fuera, sólo se sitúa en la primera mitad de la teoría, en la causación real, por mal funcionamiento genital, de la enfermedad y de las perturbaciones neuróticas. De ahí surge la idea de que hay que trabajar en el interior de los dispensarios sociales, luchar en contra de la hipocresía sexual para producir efectos positivos, salubres, a nivel de la masa y de la clase social. La amputación que hace de Freud lo conduce por sí misma a la psicohigiene social. La teoría freudiana completa no conducía necesariamente al mismo lugar. Reich veía una conexión de necesidad entre la moral sexual social y la lucha de clases, y tal vez no se equivocaba. A Freud le interesaba más desentrañar qué era ese "sexual" de lo cual, tanto los hipócritas, como quienes como Reich luchaban contra la hipocresía, pretendía saberlo todo. Más tarde Reich demostraría en efecto que no entendía mucho de la cuestión. Pero al revés, ¿no se habría podido, con una teoría menos equivocada, intentar abordar ese mismo campo social, el de una práctica social real, ese campo donde a pesar de su buena voluntad Reich mismo habría de fracasar? La cuestión es complicada, y si se tratara —a la manera de ciertos historiadores, que siempre juzgan mal el pasado, y añoran siempre el hecho probable de que la historia podría haber ocurrido de otro modo— de volver a pensar la conyuntura europea de los años treinta, uno se vería conducido a revisar las posiciones políticas de los partidos comunistas, la ideología y los cambios de esa ideología, muchas veces nada progresista, con respecto a la sexualidad. Me refiero a los grupos marxistas. Como se ve, la coyuntura estaba plagada de equívocos; se trataba de una verdadera encrucijada donde la buena voluntad se entretejía a la ignorancia, donde las armas de la crítica con que se pretendía luchar contra la hipocresía no había pasado ella misma por la crítica, donde el poder real ejercido por los grupos incidía contra los grupos mismos que entendían, como Reich y otros, denunciar las miserias sociales de la sexualidad a la que entendían resultado y momento de la lucha de clases. De cualquier manera, el problema abierto por Reich aún lo está, abierto quiero decir, y sus detractores no son aquellos, como creen algunos, que promueven la investigación teórica y la práctica psicoanalítica en sí misma. Lacan no se ocupa de Reich, pero la investigación abierta por Lacan no obtura el problema abierto por Reich. ¿No es el mismo Guatarí discípulo de Lacan? ¿Conocen ustedes los trabajos de Maud Mannoni con niños caracteriales? Ni la teoría ni la práctica psicoanalítica contradicen la cuestión abierta por Reich sobre una psicohigiene sexual no hipócrita y las relaciones de clases.

VI

Podríamos definir el Edipo como lugar donde se historiza, en la temprana infancia, una función precisa: la necesidad de un "corte" en la relación entre madre e hijo. A saber, una función capaz de dinamizar, de hacer andar, el conflicto fundamental, evitar las fijaciones del sujeto a ese mal lugar donde constituye y erogeniza su cuerpo. Si el complejo de Edipo remite entonces al hecho de que la prohibición del incesto está inserta en la erogenización del cuerpo, es porque el sujeto se ve de entrada referido a los polos donde la relación se constituye: el padre, la madre. Y está bien hablar —decía Leclaire— de polos y no de personajes, para evitar las imágenes, soslayar esa trampa que consiste en pensar el padre y la madre en términos de caracteres o imágenes. Esos polos son funciones. Podríamos decir: la función madre, la que decíamos, determina la historia del cuerpo erógeno. Mientras que la función padre tendrá que ver con el efecto del corte, con la pérdida obligatoria del objeto primordial y sus secuelas.

Si se lee con cuidado los textos freudianos se comprobará que el padre en cuestión en el Edipo no es el padre real. O que la figura del padre, lejos de ser unívoca, se dobla en el material clínico de los pacientes, y que en el discurso teórico, se triplifica. ¿No habla Lacan —cuando interpreta los textos freudianos—

111

de padre simbólico, de padre imaginario y de padre real?

Resulta claro al menos que el padre real no se superpone a la función del padre, o bien, que cuando hablamos de función de corte no nos referimos ni a las capacidades ni a las propiedades de la figura del padre real. No es fácil de entender: el padre es su función, la que no depende, por ejemplo, de la representación o de la imagen clásica del padre como personaje viril. Hay razones: nada más irrisorio que un hombre viril. Si hemos insistido tanto sobre la labilidad del objeto de la pulsión era casualmente para mostrar que no había virilidad posible en el punto de partida. En cuanto al punto de llegada, sólo podría haber, por lo mismo, exhibición de virilidad, parada, pavoneo: nada más femenino, en efecto, que un hombre que se exhibe verdaderamente viril. O como decía una paciente histérica, y por lo mismo capaz de inteligencia con respecto a ciertas cosas: *"En verdad yo no he encontrado la virilidad más que entre mujeres"*. Se imagina: no es seguro que un padre viril pueda llenar los requisitos de la función del padre.

Tampoco se trata de la imagen de un padre fuerte o de un padre débil. No es fácil: se trata del padre como polo o lugar capaz de ejercer la función de corte, de asegurar una escisión, una separación. ¿Qué es lo que en el padre permite reasegurar la prohibición del incesto? ¿Qué es lo que, y simultáneamente, reasegurará al hijo contra los desgastes del cuerpo erógeno, ese cuerpo aprendido en el filo de una contradicción y de una trasgresión?

Para esbozar, si no la respuesta, al menos la dirección de una búsqueda, no estaría mal retornar a un texto freudiano bastante famoso y no siempre bien leído. Me refiero a *Toten y tabú*. La respuesta de Freud en el texto a la cuestión sobre el padre puede resultar asombrosa, ya que contesta que lo que asegura, en el grupo social, la prohibición del incesto, no es sino el padre muerto. La función del padre en *Toten y tabú* es el padre muerto.

Intentemos un acercamiento al texto. Freud encuentra en primer lugar una conexión entre totemismo e incesto. Freud sabe ya de la universalidad de la prohibición del incesto, que no existe sociedad que no incida de alguna manera en la relación con la mujer del endogrupo. Conecta esa prohibición con el totemismo: los distintos totems dentro del grupo social cumplen la función de resguardar el incesto, en la medida que el totem codifica los matrimonios prohibidos y los matromonios permitidos. Las sociedades llamadas primitivas rigen mediante el totemismo —cree Freud— el orden del parentesco, el sistema de parentesco. Digamos al pasar que había algo que no era correcto en el razonamiento, puesto que si es cierto que la prohibición del incesto es una ley absolutamente universal, el totemismo es un fenómeno etnográfico que no lo es en absoluto, y cuya definición, por lo demás, tampoco es clara. Levi-Strauss señala que como concepto antropológico el totemismo es dudoso, y que aun, en la historia de la antropología, tiende a disolverse si no a desaparecer. (Levi-Strauss, *Le Totémisme aujourd'hui*).

Pero hay errores fecundos y la historia de las ciencias está plagada de ellos. Por lo demás, el objetivo de la reflexión freudiana se ubica más acá de la veracidad de los datos antropológicos. El problema freudiano pertenece al orden del *discurso*, se podría decir, y no al orden de los *datos*. Freud parte de la conexión entre totemismo e incesto para preguntarse inmediatamente por su sentido. ¿Por qué el totem, y las reglas que resguardan al animal y rigen la conducta hacia él, a saber, las prohibiciones que pesan sobre el totem estarían relacionadas con la prohibición fundamental, el incesto? En el capítulo IV del libro define su posición. Pero a nosotros nos importa señalar de la explicación freudiana ciertas particularidades del discurso o de los discursos en que dicha explicación se sostiene. Pertenece a una rara especie esa demostración que se encuentra en el capítulo IV, por la cual la prohibición del incesto es idéntica a la muerte del padre; la cuestión y su solución pertenecen al orden del discurso: no se puede hablar ni del incesto ni del padre —Freud nos vendría a decir— si se permanece en un discurso de un solo nivel, o bien, en un tipo único de discurso. De ahí la dificultad cuando se trata de "hablar" de la función del padre. La cuestión de la función del padre pertenece a un orden donde es necesario articular y superponer más de un discurso.

Freud parte en su "demostración" de un libro de W. Robertson Smith sobre la religión de los semitas, donde el autor expone la opinión de que una "comida totémica" formaba parte de los rituales que constituían el totemismo. Para mostrar su tesis se apoyaba en un único dato, una descripción que provenía del siglo V. Por medio de un conjunto de deducciones, y también de inducciones, Freud genera un conjunto de hipótesis. Tal comida, que reunía a los miembros del clan, se originaba en rituales primitivos de sacrificios de animales a los que se agregaba su comida. La comida en común estrechaba el lazo de los miembros del clan, al mismo tiempo que el parentesco del clan con el animal. Por lo demás, se mata primero al animal, luego se lo llora, y aun, el acto de su devoración se constituye en fiesta. Todo el ritual, como su culminación en la fiesta, representa un pasaje desde el tiempo profano a un tiempo sagrado, comunitario: lo prohibido al individuo, la devoración del animal totémico, está permitido a la reunión del individuo en el grupo.

¿Pero quién es, a quién representa, el animal que está en juego en el ritual? Ese animal muerto y llorado, contesta Freud, no puede ser otro sino el padre.

Pero lo interesante, es la manera en que Freud llega a esta conclusión. Lo hace comparando los datos de las hipótesis deductivas de Robertson Smith con sus propios datos teóricos. La observación de las fobias infantiles, dice, nos ha enseñado que el animal temido simboliza al padre. Quiero decir: Freud opera —si se me permite expresarme así— superponiendo discursos que pertenecen a niveles distintos. De los datos por lo demás construidos por el antropólogo pasa, y no sin cierta audacia, a los datos y conceptos que pertenecen a su propio campo: de la fiesta a la fobia. Y simultáneamente, a la inversa: la actitud ambivalente del niño con respecto al padre se extendería, dice Freud, al animal totémico. Pero aún Freud no cede en el método, y sugiere que para probar lo acertado de la conexión es preciso apoyarla en la "hipótesis" darwiniana del estado primitivo ("la orda salvaje") de la sociedad humana. "*Confrontando nuestra concepción psicoanalítica del totem con el hecho de la comida totémica y con la hipótesis darwiniana del estado primitivo de la sociedad humana, se nos revela la posibilidad de llegar a una mejor inteligencia de estos problemas y entrevemos una hipótesis que puede parecer fantástica, pero que presenta la ventaja de reducir a una unidad insospechada series de fenómenos hasta ahora inconexas*" (Obras Completas, II, p. 496). Las hipótesis aquí dependen, se lo ve, no tanto del aspecto fantástico de los supuestos, sino de una suerte de *bricolage* de los discursos.

Pero sigamos el razonamiento. En el comienzo la sociedad estaba constituida por una orda salvaje dominada por el padre, el único que tenía acceso a las mujeres del grupo. La dominación de este macho poderoso despierta el odio de los hermanos, quienes se conjuran para matar al padre y apoderarse de las mujeres a cuyo goce sólo él tiene acceso. Pero consumado el acto, ¿qué es lo que ocurre? Lo que ocurre en primer lugar es un nuevo corte en el discurso: el lenguaje mítico darwiniano es abandonado ahora en favor de la observación etnográfica. En efecto, consumado el crimen del padre, cuyo móvil es el apoderamiento de las mujeres del grupo, no se ve muy bien por qué

—reflexiona Freud— las mujeres del endogrupo están prohibidas para los hombres del mismo grupo: a saber, que aun las sociedades más atrasadas, esas sociedades australianas sobre las que Freud reflexiona en la primera página de *Totem y Tabú*, no dejan de observar la ley de la prohibición. El conector, ahora, es decir las razones que permitirán dar cuenta de ese pasaje, de esa transformación donde el resultado no coincide con el móvil, lo logrado con lo esperado, no es otro que la culpa. Una vez muerto el padre, satisfechos los sentimientos hostiles y el odio, surge el amor. El resultado de esta ambivalencia *a posteriori* es el sentimiento de culpa. He ahí el conector, señala Freud, que da cuenta de la transformación por donde el asesinato del padre por los hermanos, que debía haber conducido a la apropiación por los hombres de las mujeres del grupo, culmina en lo contrario: los hombres se prohíben el acceso a ellas. La culpa se alimenta de obediencia al padre después de la muerte del padre. Surge entonces un verdadero concepto, para nuestro gusto, capaz de dar cuenta de la universalidad de la ley, de la prohibición del incesto; es la "*obediencia retrospectiva*" (Obras Completas, II, pp. 496-7).

Raro relato, dirán algunos. Contestaría que nada tiene de extraño y que en cambio remite a una lógica difícil. La muerte del padre reasegura, vía obediencia retrospectiva, la norma social por autonomasia, la barrera que impide el acceso del individuo a la mujer del grupo. Se podría también decir que lo que posibilita y asegura, según la lógica del discurso, la expulsión del individuo del grupo hacia afuera, la prohibición de las mujeres del endogrupo, y por lo mismo, abre al sujeto la puerta obligada, en materia de goce sexual, hacia otros grupos sociales, no es sino esa referencia a ese padre muerto asesinado (ausente porque muerto), el que sólo aparece —no hay por qué olvidarlo— en el seno del discurso mítico.

No es el relato, ni la lógica que lo atraviesa, quien

es extraño, sino el hecho enigmático de que se ha echado mano de distintos tipos, de diferentes niveles, de discursos: el discurso de las inducciones antropológicas, el discurso de las comprobaciones teorico-prácticas del psicoanálisis, el discurso de la observación etnográfica. Una verdadera superposición de discursos, la que no carece en cambio de articulación: el básico, la "obediencia retospectiva", sella la pertenencia del conjunto al campo del psicoanálisis. Lo que puede escandalizar, o mejor dicho, lo que *debería* escandalizar, no es tanto la referencia fantástica, la muerte del padre en el tiempo mítico de la orda, sino la utilización, la mezcla aun, de distintos tipos de discursos. Se diría, el discurso freudiano no se *mantiene*. O bien, sólo se sostiene a condición de saltar alegremente los escalones, de pasar sin aviso y sin transición de nivel a nivel.

Alegre liviandad de la demostración que deja sospechar la existencia de algún principio ditirámbico, nietzschiano en la obra de Freud. Sea, pero a condición de no olvidar que Nietzsche hablaba más vale de la vida, mientras que Freud utiliza el discurso para hablar sobre el discurso. Pero seamos sencillos. *Totem y Tabú* es un texto de primera línea puesto que nos informa de esta buena nueva, difícil sin duda de asimilar: que no se puede "hablar" sobre la función del padre manteniéndose en un solo nivel del discurso, o bien que dicha función remite a un campo cuya consistencia permanece a distancia de los objetos que en la vida de todos los días nos parecen meramente reales, sean éstos representaciones o imágenes.

¿Cómo es posible que un acto fantástico, el asesinato del padre, conduzca al entronizamiento de la prohibición del incesto como ley? Este tipo de pregunta nos introducen al tema al que pretendo introducir a mi audiencia: el psicoanálisis. La cuestión aquí es un problema de discursos. Pero obsérvese al menos que en la demostración freudiana hay por lo menos dos tiempos, dos momentos distintos, dos tiempos en la sucesión. La idea de una "obediencia retrospectiva" evoca esos dos momentos: el tiempo del asesinato, el tiempo de los efectos. Para que la función del padre (el padre muerto) pueda ejercer la función de "corte" (la prohibición del incesto) es preciso que opere la temporalidad propia de la culpa, el efecto *a posteriori* de la obediencia retrospectiva.

Refiriéndose al Edipo, también Lacan habla de "tiempos". Manteniendo cierta distancia del tipo de hipótesis y de la lógica de *Totem y Tabú*, pero utilizando un tipo de discurso que no oculta los puntos en común con las mostraciones freudianas, Lacan divide al Edipo —por motivos pedagógicos en primer lugar— en tres tiempos.

Primer tiempo. Es el del idilio del amor de la madre y el hijo, amor atravesado —bien entendido— por la contradicción que roe la erogenización del cuerpo del hijo: idilio en el mal lugar —que me parece que Rousseau ignoró— donde lo inmediato de la relación de dos cuerpos está transida por la prohibición. Se entiende que los accidentes de ese idilio no carecen de importancia para la clínica, y no únicamente en el tratamiento de niños. Ocurre que en la relación entre la madre y el hijo se organizan ya en la edad temprana todos esos gestos de seducción recíprocos, cuyo contenido ilusorio —pero por ello no menos patógeno— significa cierta trasgresión de la prohibición, momento donde importa, se lo adivina, la neurosis misma de la madre, su capacidad de emitir mensajes de seducción, de cuya interpretación por el hijo dependerá parte de su futuro, o mejor, las determinantes de base de su futuro de ser sexuado (pero habría que dedicar más tiempo a esta última expresión). Sobre el horizonte de la prohibición, horizonte que es lo más cercano, surge entonces o ya está ahí el esbozo de figura capaz de hacer de vehículo de la ley social, de estructurar el interior de las cercanías, reacomodar las certezas que definen el idilio madre-hijo. Esa figura es el padre: pero la función del padre todavía no está ahí.

Segundo tiempo. Emerge aquí el padre como figura capaz de llevar a cabo la función de corte. Es el momento que Lacan llama del "padre terrible"; doble prohibición: a la madre, "no integrarás tu producto"; al hijo: "no te acostarás con tu madre".

Tercer momento. Reaparece el padre pero bajo forma de padre permisivo, condición de acceso a la mujer bajo el modelo de la madre prohibida. El padre se ofrece como polo de las identificaciones sexuales del hijo, y simultáneamente, de sus ideales sociales. Esta estructura introduce como cuestión el problema de las identificaciones, que no podríamos abordar aquí. Sin embargo hay que recordar que el polo de la identificación es el polo deseante, de cuyo deseo depende la determinación del objeto para el sujeto. Identificarse es entrar (¿histéricamente?) en la ronda del deseo. ¿Cuál es entonces el valor de la identificación en la normativización de la sexualidad del hijo?

Pero retornemos al segundo tiempo. ¿Qué hay que entender por padre terrible? Nos vemos remitidos así desde un lenguaje aceptable al *bricolage* de *Totem y Tabú*. Aquí se habla del asesinato mítico del padre, allá de la capacidad de espanto del hijo. No es fácil "hablar" sobre el padre, se lo ve, sobre todo cuando lo que está en juego es aquella referencia del Eros a la palabra. En el límite, el padre es aquél —dice Lacan— quien podría pronunciar esta frase impronunciable: "Yo soy el que soy". Pero se sabe que el padre, o como se quiera, que la función del padre no es Dios. La religión, para Freud, y más allá de toda discusión al respecto, es neurosis obsesiva. ¿Cómo pronunciar tamaña frase sin hacer el ridículo? ¿Cómo es posible que un padre real se sostenga en tal encrucijada? Al conflicto de base que sellaba la erogenización del cuerpo, se suma el conflicto que corroe el lugar mismo de aquél que debiera asegurar ese corte por donde el hijo dinamice las ilusiones de su relación al objeto primordial. ¿Se entiende de dónde viene esa tentación siempre realizada, a nivel de las costumbres sociales, por donde la figura del padre queda identificada sin más a la figura de la autoridad? En definitiva —y ojalá comiencen a poder oír de qué se habla en ese lugar al que pretendo introducirlos—: pulsión sin objeto determinado, deseo que se alimenta de su insatisfacción, erogenización del cuerpo en un mal lugar, fallas de la función (el padre) que debe reasegurar al hijo de un destino, de una historia por venir. Hay una frase de Lacan que cierra su *Télévision* (Paris, seuil, 1974) que resume, sin duda económicamente, tal desarrollo: *"De lo que perdura de pérdida pura a lo que no apuesta más que del padre a lo peor".*

Resumen de A. Berenstein. *En la última conferencia Masotta nos introduce de lleno en la temática del complejo de Edipo, la función de la Ley. Cierta operación constitutiva remite a la Ley que asegura el corte de las relaciones de la madre con el hijo, permite que el sujeto pueda tener un destino sexual.*

En la estructura Edípica no se trata de imágenes, sino de funciones: la función de la madre, que tiene que ver con la primera erogenización del cuerpo; la función del padre, que asegura el fin de la relación con el objeto primordial, la madre. El padre en cuestión no se confunde con el padre real, hay que superar una temática de imágenes; el poder, el padre como autoridad, el padre viril —toda presentación viril del hombre es siempre ridícula—; la cuestión del padre no se resume en las imágenes del padre fuerte o del padre débil. Se hace referencia entonces a Totem y Tabú, trabajo que gira alrededor de la función del padre y la prohibición del incesto. Freud dirá que el Totem es el padre y evocará la prohibición, dentro del sistema totémico, de matar al animal totémico. Pero en el tiempo sagrado de la fiesta, tiempo sacramental de sacrificios y alborozo, los individuos del clan matan al totem y lo devoran. El discurso freudiano acepta de plano la explicación mítica. Los hermanos de la tribu asesinaron al padre para apoderarse de las mujeres que sólo aquél gozaba. A nivel sociológico se observa en cambio que no existe sociedad que no prohíba el acceso a las mujeres del endogrupo. La ambivalencia de los sentimientos hacia el padre, más la culpa que resulta de esa ambivalencia, conducen a la "obediencia retrospectiva". Se buscaba la apropiación de las mujeres del grupo, se concluye en una barrera que impide el acceso a ellas. El padre edípico es el padre muerto. Ni real ni imaginario, el padre aparece —asesinado— en el interior del discurso mítico. El relato freudiano, finalmente, evoca la aparición de una temporalidad après-coup: los hijos obedecen pero después de perpetuado el hecho, restrospectivamente.

Lacan habla también de tiempos. Masotta refiere la descripción lacaniana de los tres tiempos del Edipo (Seminario sobre "Las formaciones del inconsciente"). El primer tiempo remite a las seducciones y a la relación ilusoria de la madre y el hijo. Lugar de la erogenización del cuerpo, muerde en él ya la prohibición del incesto. Sobre el horizonte de la relación idílica, erogenizante, aguarda el padre, que surgirá como prohibidor en el segundo tiempo. Momento del padre terrible cuya función es asegurar el corte. En el tercer tiempo el padre se torna permisivo: es el polo de las identificaciones edípicas. Pero la noción de identificación no es fácil ni tampoco su función en el análisis.

Pregunta. Ningún hombre en el límite podría pronunciar la frase "Yo soy el que soy". ¿No es así? ¿Qué padre real podría pronunciar tal frase? Correcto. Pero aparece una duda. ¿No estamos hablando del padre real después de decir que no se trata del padre real?

Pregunta extraña. Pareciera que está mal formulada, pero no es así. Es como si usted se embrollara en el discurso. Se pone usted a andar por una banda de Moebius en cuyo piso ve inscrito que no hay padre real, sigue usted caminando y sin atravesar ningún borde comienza usted a leer que hay padre real. Si Lacan estuviera entre nosotros, entiendo que se regocijaría. Le contesto que mostrar que la función del padre lidia con el ridículo, es lo mismo que decir que no se puede partir del padre real. Hay algo que aún no dije, pero que podría formular ahora: pensar la función del padre es alejar la figura de las realidades para acercarlo a las funciones, y a las ausencias. Tenemos un tipo de ausencia particular, que es la muerte concreta. En tal pendiente tenemos la hostilidad del niño hacia el padre. Ella debe de tener algo que ver con el discurso mítico. La muerte del padre, fantaseada en la hostilidad, es lo que encontramos en *Totem y tabú*. En resumidas cuentas pareciera que hay una función positiva de la ausencia del padre. Pero esta ausencia, de la que hablo, no tiene que ver con la ausencia real, cuyo efecto podría ser bien patógeno. No es necesario que el padre falte para que falte —dice Lacan—; del mismo modo no es preciso que no esté presente para que falte. Hay entonces una función eficaz de la falta. Hablando del deseo decíamos que el deseo resguarda la falta. El padre debe poder no "ahogar" al sujeto en los momentos de su constitución. En un sentido es una suerte que en el límite el lugar del padre sea insostenible.

Pregunta. *A partir de la prohibición del incesto, de donde usted parte, debería poder hablarse de enfermedad y normalidad. Pero al mismo tiempo el incesto, a veces, se realiza. El psicoanálisis que no valoriza la normalidad —usted habló entre comillas de "normalidad"— y que parte de lo patógeno...*

Ninguna norma social ha logrado que sus exigencias se cumplieran en todos los casos. El incesto existe, ha existido, sigue existiendo. Está bueno recordarlo, a veces se lo olvida. Pero la existencia del incesto depende de la Ley. El problema es: quien en la familia occidental al menos, debe asegurar el alcance de la Ley, es el padre. Pero dadas las características de lo dificultoso de su lugar, es lo que yo quería acentuar, siempre hay trasgresión. Hay trasgresión a un nivel que no es exactamente el de las conductas sociales reales, pero trasgresión al fin. El psicoanálisis es difícil, en estas arenas movedizas debe moverse el analista. La cuestión del padre se dirime —a nivel observación— entre estos dos polos: o bien el padre está ausente, y es el caso de los trastornos neuróticos de Leonardo; o bien el padre está presente, pero tenéis entonces la locura del presidente Schrober.

Pregunta. *¿Tiene el psicoanálisis como función, como finalidad, la resolución de los conflictos?*

Habría que contestar que sí. Pero el conflicto básico es que el sujeto no quiere saber que no hay Saber del objeto, y por otro lado está el deseo. Resolver el conflicto significaría, por un lado una cierta experiencia del inconsciente, por el otro ser capaz de caminar en la dirección del deseo...

Pregunta. *¿En la relación analítica es el analista o el analizado el que realiza la parte activa en el descubrimiento de los conflictos?*

Los términos "pacientes" o "analizado" debieran ser abandonados: son pasivizantes... Habría que decir mejor "analizante" o "analizado". En efecto, sin la participación más que activa del "analizante" no hay análisis posibles. Pero creo que ya es suficiente: merodeamos ya cinco horas hoy de trabajo juntos...

PSICOANÁLISIS

STUART SCHNEIDERMAN — *Lacan: la muerte de un héroe intelectual*

JULIA KRISTEVA Y OTROS — *(El) Trabajo de la metáfora*

OCTAVE MANNONI Y OTROS — *La crisis de la adolescencia*

DENIS VASSE — *El peso de lo real, el sufrimiento*

JUAN DAVID NASIO — *El magnífico niño del psicoanálisis*

MAUD MANNONI — *El síntoma y el saber*

MARIO FRANCIONI — *Psicoanálisis, lingüística y epistemología*

SERGE LECLAIRE — *Un encantamiento que se rompe*

JACQUES SÉDAT Y OTROS — *¿Retorno a Lacan?*

SARAH KOFMAN — *El enigma de la mujer*

OSCAR MASOTTA — *Lecciones de introducción al psicoanálisis*

JULIA KRISTEVA — *Al comienzo era el amor*

J. LAPLANCHE Y J.-B. PONTALIS — *Fantasía originaria, fantasía de los orígenes, orígenes de la fantasía*

ARMANDO VERDIGLIONE Y OTROS — *Psicoanálisis y semiótica*